金澤正由樹

B型女性はなぜ人気があるのか

AIと
300万人のデータで読み解く
「血液型と性格」

鳥影社

B型女性が大人気（序章）

テレビタレントイメージ調査の結果

調査時期	1位	2位	3位
2002年2月	A 山口 智子	A 松嶋菜々子	A 黒木 瞳
2003年2月	A 黒木 瞳	A 久本 雅美	A 樹木 希林
2004年2月	A 黒木 瞳	A 山口 智子	A 松嶋菜々子
2005年2月	A 黒木 瞳	A 山口 智子	A 仲間由紀恵
2006年2月	A DREAMS COME TRUE	A 仲間由紀恵	A 黒木 瞳
2007年2月	A DREAMS COME TRUE	A 仲間由紀恵	O 天海 祐希
2008年2月	A DREAMS COME TRUE	B 浅田 真央	O 吉永小百合
2009年2月	B 浅田 真央	AB ベッキー	O 吉永小百合
2010年2月	A DREAMS COME TRUE	B 浅田 真央	AB ベッキー
2011年2月	B 浅田 真央	O 天海 祐希	AB ベッキー A DREAMS COME TRUE
2012年2月	B 浅田 真央	B 綾瀬はるか	O 天海 祐希
2013年2月	B 綾瀬はるか	B 浅田 真央	O 天海 祐希
2014年2月	B 浅田 真央	B 綾瀬はるか	A DREAMS COME TRUE
2015年2月	B 浅田 真央	B 綾瀬はるか	O 天海 祐希
2016年2月	B 綾瀬はるか	B 浅田 真央	O 天海 祐希
2017年2月	B 綾瀬はるか	A 新垣 結衣	O 天海 祐希
2018年2月	B 綾瀬はるか	A 新垣 結衣	O 天海 祐希
2019年2月	B 綾瀬はるか	A 新垣 結衣	O 天海 祐希
2020年2月	B 綾瀬はるか	A 新垣 結衣	O 天海 祐希
2021年8月	B 綾瀬はるか	A 新垣 結衣	O 天海 祐希
2022年2月	B 綾瀬はるか	A 新垣 結衣	O 天海 祐希
2023年2月	B 綾瀬はるか	A 新垣 結衣	O 天海 祐希

O型　A型　B型　AB型

テレビタレントイメージ調査（ビデオリサーチ社）の結果では、
2010 年頃からB型の人気がA型を上回っている。
※ 2021 年２月は、新型コロナにより調査中止。

Ｂ型が上位半数のＡＫＢ総選挙（序章）

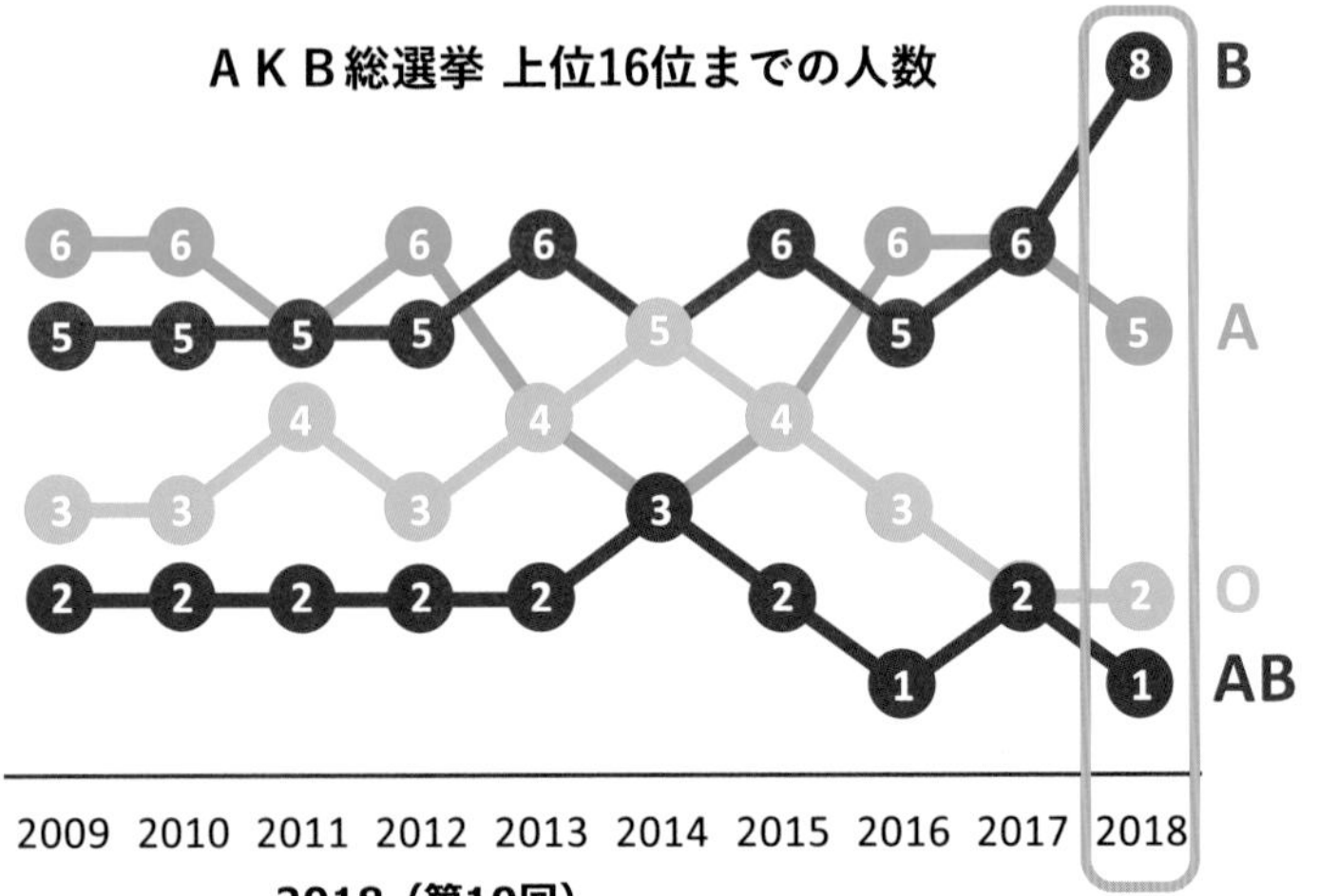

2018（第10回）

順位	血液型	氏　名	得票数
1	B	松井珠理奈	194453票
2	A	須田亜香里	154011票
3	A	宮脇 咲良	141106票
4	A	荻野 由佳	81629票
5	A	岡田 奈々	75067票
6	B	横山 由依	67465票
7	B	武藤 十夢	62611票
8	A	大場 美奈	53998票
9	B	矢吹 奈子	51620票
10	B	田中 美久	50175票
11	B	惣田紗莉渚	48671票
12	B	高橋 朱里	48100票
13	O	向井地美音	47485票
14	AB	吉田 朱里	46837票
15	O	古畑 奈和	45688票
16	B	本間 日陽	39241票

AKB 総選挙上位 16 位までの人数を見てみると、2013 年頃にB型がA型を逆転している。

サッカーワールドカップ代表
👩全選手のポジション比較

女子

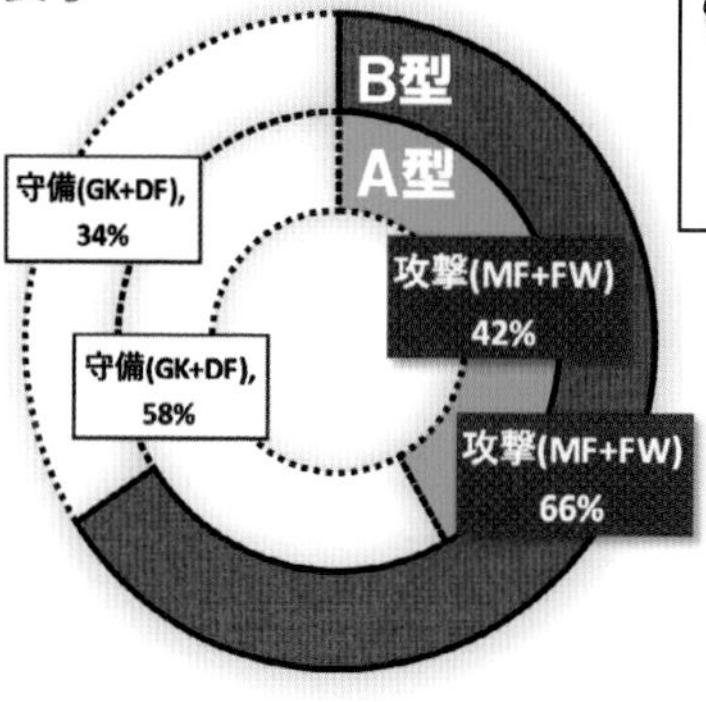

⚽女子はB型（外円）は攻撃、A型（内円）は守備が多い傾向となる。

サッカーワールドカップ代表
👨全選手のポジション比較

男子

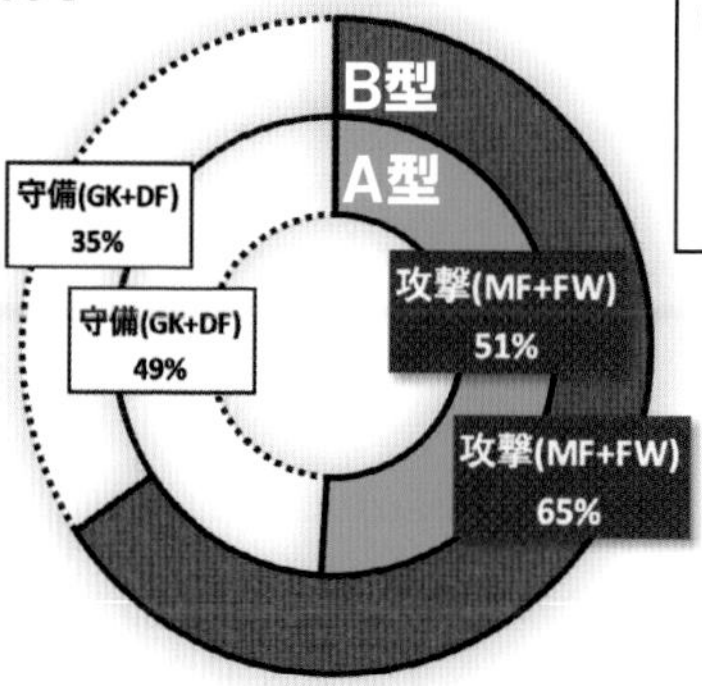

⚽男子もB型（外円）は攻撃、A型（内円）は守備が多い傾向となる。

愛情と恋愛（第三章）

恋人と続く期間

		恋人の血液型		
		A	B	O
自分の血液型	A	💔💔 -13.3%	💔 -5.4%	♥ +8.3%
	B	♥♥♥ +17.5%	💔💔💔 -18.5%	♥♥♥ +17.5%
	O	♥♥♥♥♥♥ +32.6%	💔 -6.5%	💔💔💔💔💔 -26.7%

日本では、同じ血液型の恋人は合わない。

数値は平均からの違いを示す。

♥ ＝ ＋５％

💔 ＝ －５％

黒字は±３％未満

日本のカップル 2509組

		妻の血液型			
		A	B	O	AB
夫の血液型	A	+2.2%	+1.1%	-2.4%	-3.8%
	B	💔💔 -11.4%	♥ +7.9%	+4.6%	♥♥ +10.5%
	O	+4.8%	💔 -6.5%	-1.0%	-0.3%
	AB	+3.2%	-2.7%	+1.2%	💔 -8.4%

中国のカップル 91万組

		妻の血液型			
		A	B	O	AB
夫の血液型	A	♥ +5.2%	+0.1%	-4.9%	+0.1%
	B	+2.2%	♥ +6.1%	💔 -7.4%	+0.9%
	O	💔 -5.8%	💔 -6.4%	♥♥ +12.2%	💔 -5.5%
	AB	-1.8%	♥ +5.7%	💔 -8.1%	♥♥♥ +18.1%

中国では、同じ血液型同士で結婚しやすいが、日本では必ずしも当てはまらない。

出所
デジタル時代の「血液型と性格」（2021）
Yao Hou et al.（2022）

アメリカ大統領に多いＡＢ型（第四章）

血液型が判明しているテレビ選挙(1960 年以降)の米国大統領

大統領名		政党	O	A	B	AB
第 35 代	ケネディ	民主党				●
第 36 代	ジョンソン	民主党		●		
第 37 代	ニクソン	共和党		●		
第 38 代	フォード	共和党	●			
第 39 代	カーター	民主党		●		
第 40 代	レーガン	共和党	●			
第 41 代	ブッシュ父	共和党	●			
第 42 代	クリントン	民主党				●
第 43 代	ブッシュ子	共和党	●			
第 44 代	オバマ	民主党				●
第 45 代	トランプ	共和党		●		

アメリカ大統領の特徴（1960年以降）

① 民主党（青いロバ ）にはO型がいない
② 共和党（赤いゾウ ）にはAB型がいない
③ B型の大統領はいない

その他の血液型判明者

ワシントンB、リンカンA、
アイゼンハワーO

伊達政宗のＢ型的行動（第五章）

伊達家の墓所「瑞鳳殿」には、伊達三代の遺骨が眠る。
身長と血液型は公式サイトに掲載されている。
初代　伊達政宗
身長 159cm　血液型Ｂ型
二代　伊達忠宗
身長 165cm　血液型Ａ型
三代　伊達綱宗
身長 155cm　血液型Ａ型
出所
(血液型) 瑞鳳殿公式サイト
(写真) Wikipedia 瑞鳳殿
(663highland　CC 2.5)

縄文人の血液型（第六章）

Table 1 Genotypes of the *ABO* blood group gene of the Jomon/Epi-Jomon and Okhotsk specimens

Specimen no.	*Archeological site*	*Genotype*	*Phenotype*
Jomon people 縄文人			
JM-1	Funadomari	*A101/B101*	*AB*
JM-2	Funadomari	*O101/O102*	*O*
JM-3	Funadomari	*B101/O102*	*B*
JM-4	Funadomari	*A101/O101*	*A*
JM-5	Funadomari	*O102/O102*	*O*
JM-6	Funadomari	*A101/B101*	*AB*
JM-7	Usujiri	*A102/A102*	*A*
JM-8	Funadomari	*A102/O102*	*A*
Epi-Jomon people 続縄文人			
EPJ-1	Usu Moshiri	*A102/O102*	*A*
EPJ-2	Usu Moshiri	*B101/B101*	*B*
EPJ-3	Chatsu Cave 4	*O101/O102*	*O*

船泊 23 号

Table 3. Inferred phenotypes of F23

Trait	Gene	SNP	Chromo-some	Position (GRCh 37)	Genotype	Inferred phenotype
ABO blood type	*ABO*	—	9	—	Ax02/O02 or Ax02/O65	A

（上）2010 年に判明した縄文人の血液型は、A 型4人、O型3人、B型とAB型が各2人。
出所　Takehiro Sato et al. (2010)

（下）2019 年に国立博物館のグループが中心になり、縄文人女性「船泊 23 号」のほぼ完全なDNA 解読に成功。彼女の血液型はA型だった。
出所　Kanzawa-kiriyama et al. (2019)
　　　国立科学博物館プレスリリース（2019）

真実を語り始めた心理学者たち（第七章）

PNAS　RESEARCH ARTICLE | SOCIAL SCIENCES　OPEN ACCESS

Assortative mating on blood type: Evidence from one million Chinese pregnancies

Yao Hou[a,1], Ke Tang[a,b,1,2], Jingyuan Wang[c,d,e,1,2], Danxia Xie[a,1,2], and Hanzhe Zhang[f,1,2]

Edited by Dalton Conley, Princeton University, Princeton, NJ; received June 9, 2022; accepted October 27, 2022

上は、中国人カップル 113 万組を調べた全米科学アカデミーの論文

肯定・否定の根拠とされる主な査読あり英語論文

結果	著者(発表年)		学術的評価 (h-index※)	有効人数	使用した性格テスト	血液型の特性	AIの使用
肯定	土嶺ほか(2015)	a	337	1,427	TCI	なし	なし
肯定	金澤(2023)	b	22	10,088	BFS, TIPI-J TCI	8 項目	あり
否定	Rogers ほか(2003)	c	181	720	NEO-PI, LOT-R	なし	なし
否定	縄田(2014) 日本語	d	6	9,722	なし	なし	なし

※h-index は、数値が大きいほどその学術誌の評価が高いとされている。

現時点で、血液型と性格についての主な査読あり英語論文を比較すると、学術的評価、有効人数、分析方法などの多くの点で、肯定的な論文が否定的な論文を上回っている。
具体的な論文の例は次のとおり。

a. Tsuchimine et al., ABO blood type and personality traits in healthy Japanese subjects, PLOS ONE, 2015.
b. Kanazawa, Pilot analysis of genetic effect on personality test scores with AI, Biology and Medicine, 2023.
c. Rogers et al., Blood type and personality, Personality and Individual Differences, 2003.
d. 縄田, 血液型と性格の無関連性 ——日本と米国の大規模社会調査を用いた実証的論拠——,『心理学研究』, 2014 年 (日本語)

「思い込み」は存在するのか（第七章）

日本人 4,000 人の調査結果①

特性	回答者全体の平均点数(3,750 人)			
	A 型	B 型	O 型	AB 型
A 型	4.53	4.03	4.03	4.21
B 型	4.22	4.57	4.25	4.30
O 型	4.03	4.14	4.47	4.05
AB 型	3.76	3.86	3.70	4.33

注:各血液型 2 種類の下記特性を 1～7 で回答(数値が大きいほど当てはまる)。血液型不明者 250 人を除く。

質問に使った血液型の特性

A 型	神経質、几帳面
B 型	マイペース、自己中心的
O 型	おおらか、おおざっぱ
AB 型	性格が理解されにくい、二重人格

日本人 4,000 人の調査結果②

特性	知識/関係なしの平均点数(1,474 人)			
	A 型	B 型	O 型	AB 型
A 型	4.53	4.03	4.03	4.21
B 型	4.22	4.57	4.25	4.30
O 型	4.03	4.14	4.47	4.05
AB 型	3.76	3.86	3.70	4.33

血液型の典型的な特性に当てはまるかどうか、4000 人に質問した集計結果。「血液型と性格の知識なし」「血液型と性格に関係なし」と回答した人も含め、すべての場合において、その血液型の点数が最高値(赤)を示した。※論文アクセス 2.5 万回

血液型による脳の働き方の違い（第七章のコラム）

右

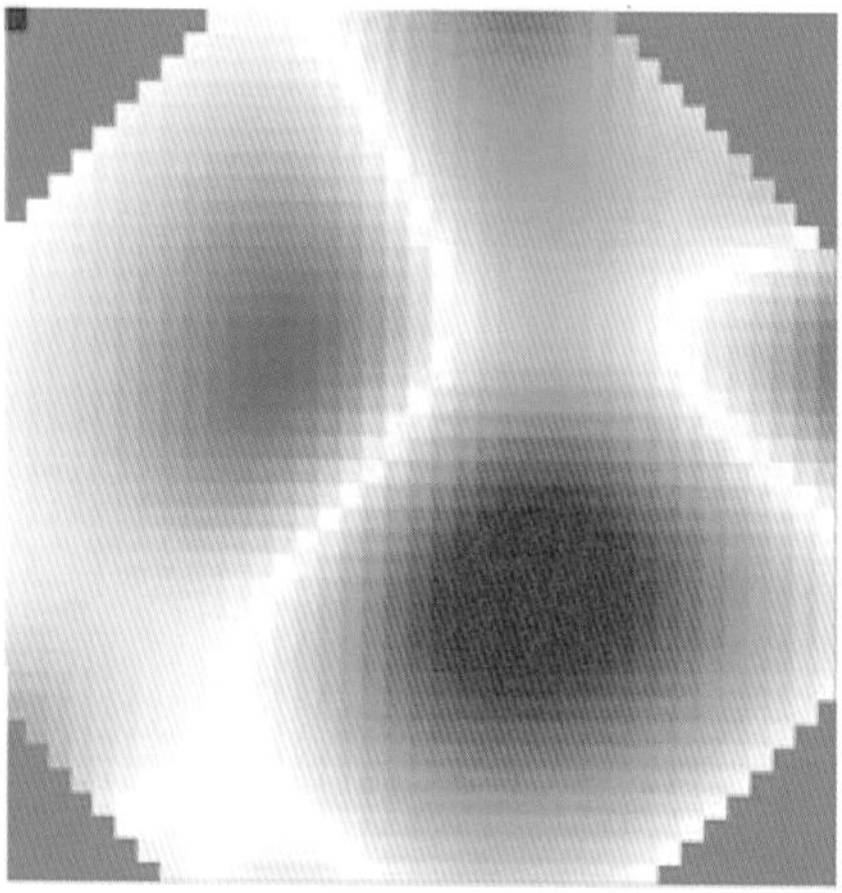

左

東海大学医学部の灰田宗孝教授は、人の血液型が脳の活動パターンにどのように影響を及ぼしているのか解明するため、ヒューマンサイエンスABOセンターとの共同研究に取り組んでいる。

上の画像は、「光トポグラフィー」という技術による解析結果の例。

A型の人は論理的思考を中心とする左脳が活性化しやすい。一方、B型の人は感覚的思考を中心とする右脳が活性化するというデータが得られた。さらに、O型は右脳と左脳が交互に、AB型はほぼ同時に活性化するという独自のパターンが観察された。

ＡＩで血液型を当てる方法①（第九章）

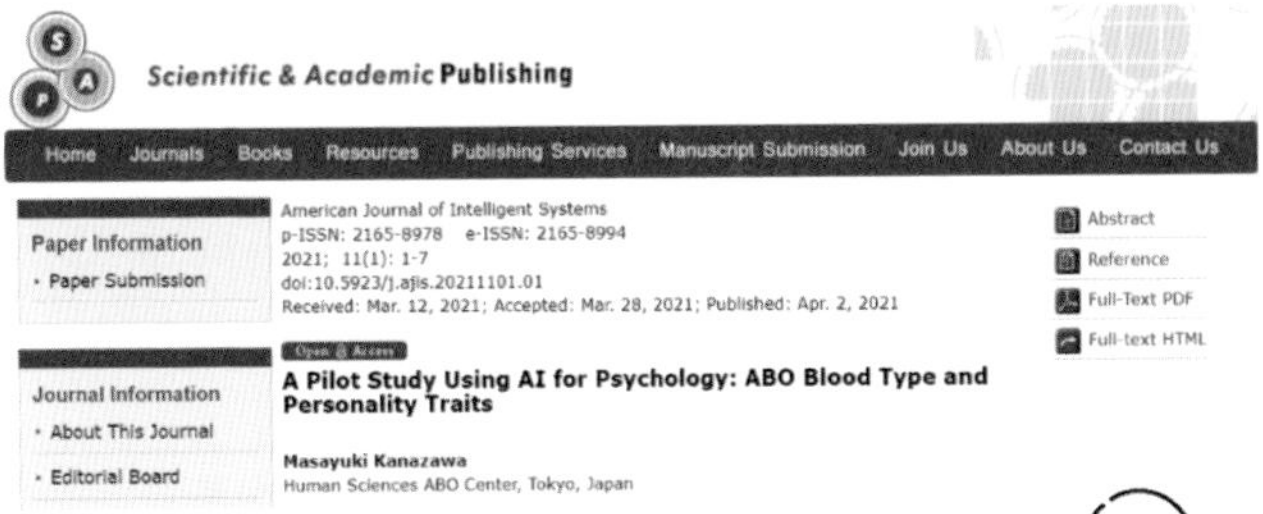

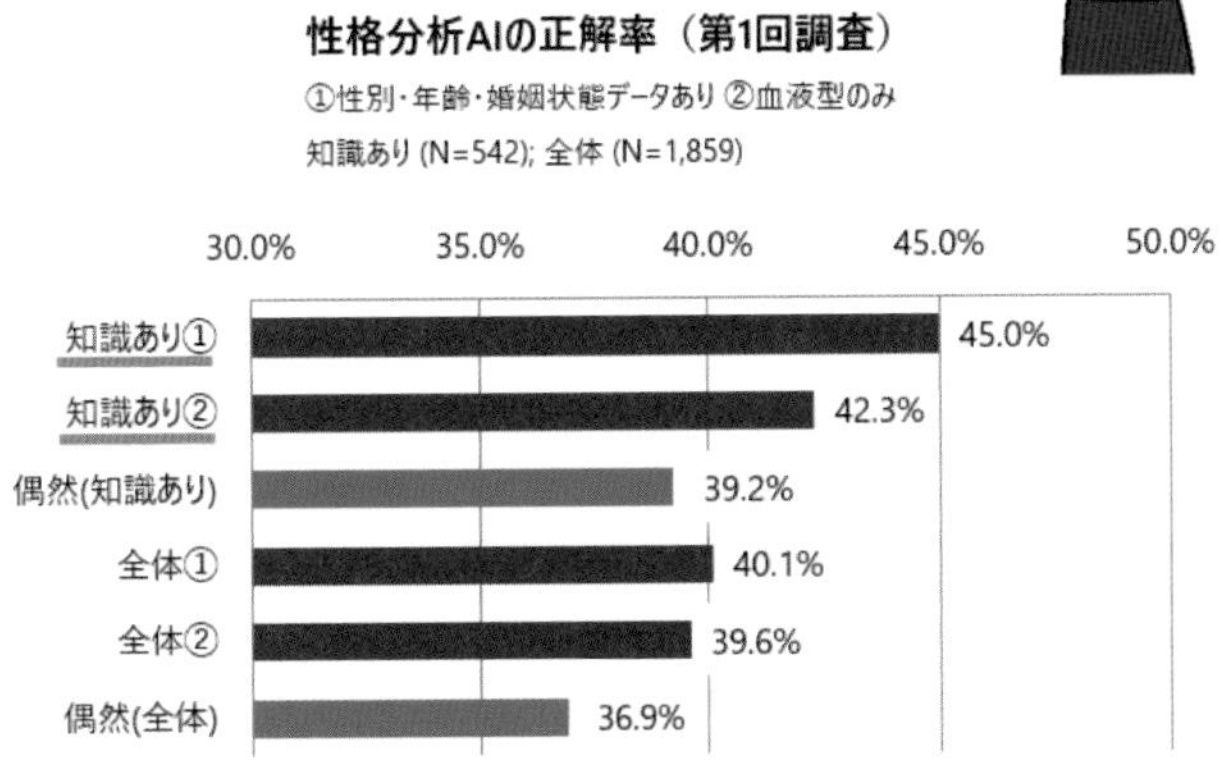

AIを使って、血液型特性の回答を元に、その回答者の血液型を予測させた結果。血液型と性格の知識ありのグループの正解率は最高で45%となり、回答者全体の結果を大きく上回った(赤下線)。
なお、私のこの論文のアクセスはトータルで4万回に達し、有名な科学誌に引けを取らない数となった。

ＡＩで血液型を当てる方法②（第九章）

OPEN ACCESS Freely available online
ISSN: 0974-8369
Biology and Medicine
Research Article

Pilot Analysis of Genetic Effects on Personality Test Scores with AI: ABO Blood Type in Japan

Masayuki Kanazawa*

性格テストなどの結果を学習させたAIの血液型正解率の例

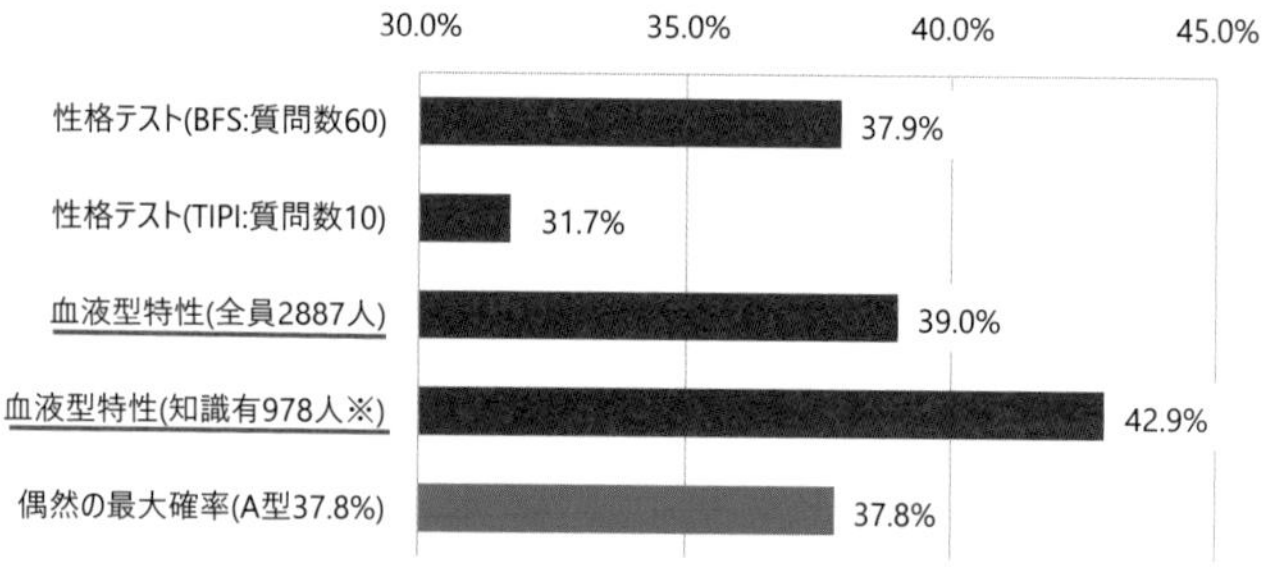

※血液型と性格に「関係あり」かつ「知識あり」と回答した参加者のみ

質問に使った血液型の特性

A型	神経質※、几帳面※
B型	マイペース、自己中心的※
O型	おおらか、おおざっぱ
AB型	性格が理解されにくい、二重人格

※性格テスト（BFS：全体の質問数60）に含まれるもの

AIを使って、性格テストの結果や、血液型特性の回答を元に、その回答者の血液型を予測させた結果。血液型特性による正解率は、一般的な性格テストを大きく上回った(赤下線)。
※性格テストの質問項目は、血液型の差が出るものが少ないため。

性格テストの妥当性のチェック①（第九章）

OPEN ACCESS Freely available online

ISSN: 0974-8369
Biology and Medicine

Research Article

Pilot Analysis of Genetic Effects on Personality Test Scores with AI: ABO Blood Type in Japan

Masayuki Kanazawa*

質問に使った血液型の特性

A型	神経質※、几帳面※
B型	マイペース、自己中心的※
O型	おおらか、おおざっぱ
AB型	性格が理解されにくい、二重人格

※性格テスト（BFS：全体の質問数60）に含まれるもの

性格テストの血液型別の結果

性格テスト	全体の質問数	うち血液型関連	性格因子の数（各12の質問）	うち血液型で差が出たもの
BFS	60	3	5	1
TIPI-J	10	0	5	0
（血液型の特性）	(8)	(8)	（4つの型）	(4)

性格テストの血液型別の結果（上記BFSの血液型関連3問の内訳）

単独の質問	単独の質問での統計的な差	含まれる性格因子	その性格因子の統計的な差
几帳面(A型)	○あり	誠実性(C)	○あり
神経質(A型)	○あり	情緒不安定性(N)	×なし
自己中心的(B型)	○あり	調和性(A)	×なし

現代の主流である性格テストには、血液型の特性を含む質問がほとんど含まれていない。上の例では、全60問中3問のみ。わずかに存在する血液型に関連する質問も、最終的に5つの性格因子にまとめると、統計的に意味のある差として現れにくくなってしまう。

性格テストの妥当性のチェック②（第九章）

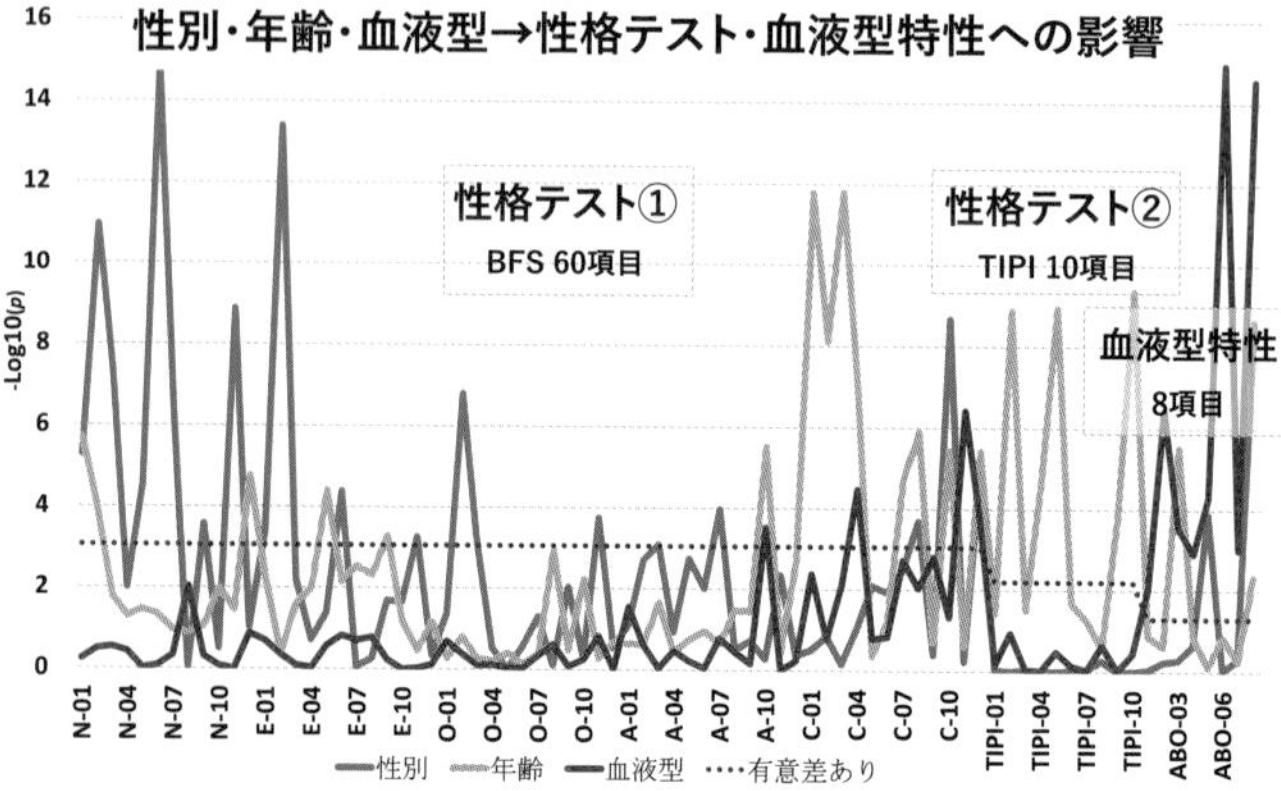

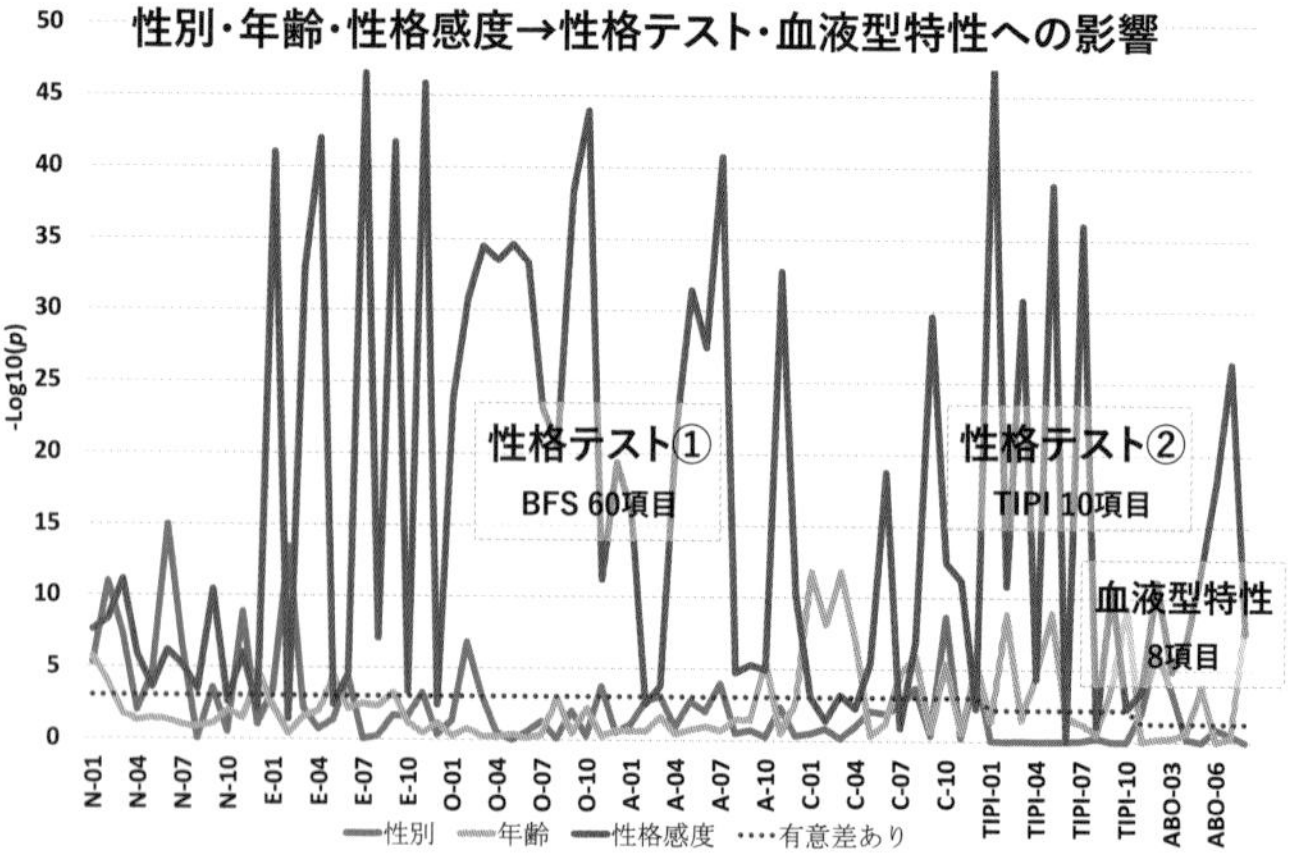

性別、年齢、性格感度（性格の感受性）は、性格テストの回答に大きく影響するため、血液型による差が出にくくなる。一方、血液型特性は、性別、年齢、性格感度の影響が小さく、血液型の差が出やすい。
出所　Kanazawa, Biology and Medicine (2023)

血液型論争に似すぎている土偶論争（終章）

専門家である考古学者らが執筆し、竹倉史人氏のベストセラー『土偶を読む』(上左)を批判した『土偶を読むを読む』(上右)では、土偶が象徴する植物が問題とされた。上の遮光器土偶は、「里芋」とされる。
出所　Wikipedia　青森県亀ヶ岡遺跡出土の遮光器土偶(国宝)

血液型論争のオマージュとしての土偶論争（補足説明）

2021_11・2021/11/08

里芋が豊作でした

秋が深まってきました。里芋、収穫しました。去年よりも豊作で、なかなかよくできています。写真は里芋の親芋の部分。芋頭、芋茎（ずいき）と言ったりします。東北地方ではお肉といっしょに汁物にしていただきます。

続きを読む

考古学者らの『土偶を読むを読む』には、初歩的なミスが散見される。たとえば、「里芋の北限は岩手県南部」とあるが、実際はそれより北で、青森県の多くの地域で作付け・収穫されている。
出所　青森県八戸市・ソイルラボのサイト

SoiL labo

〒031-0833　青森県八戸市大久保字野馬小屋54-3
E-mail: nakamura@soillabo.co.jp

2022_11・2022/11/06

ふっくらしっとり里芋

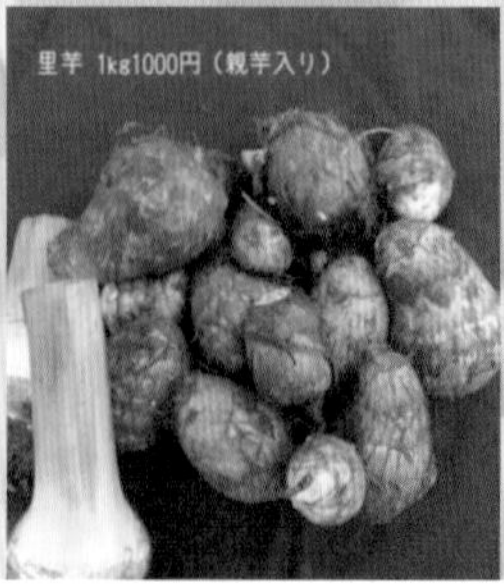

東北地方の秋の味覚で代表的な「里芋」。ソイルラボでも栽培しています。大好きです、おいしいです、秋はこれがなくてはいけません！！
東北では汁物で食べます。山形の「芋煮」は牛肉で醤油で味付け、宮城は味噌ベースで豚肉。岩手は鶏肉でしょうゆベースの汁物です。「芋の子汁」と呼びます。激ウマです！
この時期では職場や近所の人たちが集まって「芋煮会」「芋の子会」が開かれ、集まった人たちみんなで芋煮や芋の子汁を食べながら楽しくお酒を飲みます。もちろん家族で休日のバーベキューでも芋の子汁です。
そんな愛にあふれた居場所を作ってくれる里芋、この時期ならではのおいしさを存分に味わいたいです。

まえがき

　B型女性という言葉で、皆さんはどんな人をイメージしますか。私は、現在人気ナンバーワンの綾瀬はるかさん、そして浅田真央さんがすぐに思い浮かびます。意外かもしれませんが、この2人も典型的なB型です。そうです、B型はイメージが悪い印象がありますが、そんなことは全くの誤解なのでした。

　2016年に発表した『B型女性はなぜ人気があるのか』は、数多くの最新データと共に再編集を受け、本書として生まれ変わりました。B型にまつわる多くの誤解が、これからお話しする事実を知ることによって、たちどころに解消することを願っています。

　とは言っても、この本を手に取っている皆さんは、まだ血液型と性格の関連性に疑問を抱いているかもしれません。しかし、その疑問もまた、最新のAIと300万人を超えるデータ解析により、新しい回答へと導かれました。この知識、この発見を皆様と共に深めていきたい。それが本書を執筆した強い動機です。

　性格というテーマは複雑なものですが、血液型と性格の関連性を日常生活に役立てることは、実は難しくはありません。それは、多くの人々が運転免許を持ち、快適に車を運転しているのと同じです。現代の自動車は、従来の機械的な部品だけではなく、最新の電子機器やＡＩなどのハイテクの塊です。しかし、高度な機器のおかげで、運転は快適で安全になり、取り扱いや操作も簡単にできるようになっています。実際、そんなハイテクに興味があり、仕組みを学びたいと思う人も少なくはありません。

このため、本書は大きく2つのパートで構成することにしました。第一部では、血液型と性格の関連性について、楽しみながら学べる内容をご紹介します。タイトルの「Ｂ型女性はなぜ人気があるのか」にあるとおり、Ｂ型女性に焦点を当てて分析を行いました。さらに、歴史的なエピソードや、最新のゲノム解析による縄文人やネアンデルタール人の血液型など、興味深い情報も紹介しています。

続く第二部では、最近の英語論文の中から特に重要と思われるものを厳選し、併せて私の最新の研究成果もご紹介します。ここでは、今なお一部で信じられている否定的な「偏見」を、科学的根拠をベースに検証していきます。

不思議なことに、近年、否定側の声はほとんど聞こえなくなりました。それは、血液型と性格の関連性を「科学的に否定した」と主張する一部の人々が、最新の研究成果を素直に受け入れられないためかもしれません。本書にその経緯を詳述しましたが、学術的な議論においては、既に肯定論が否定論を圧倒しています。

信じられないかもしれませんが、この血液型と性格の関連性は、１９９０年代に既に日本の心理学者によって明らかにされていたようです。傑出した研究を行った北海道大学教授・山岸俊男氏らの業績を中心に解説します。また、興味を持たれた方のために、巻末の２２６～２２７頁に、私が執筆した英語論文の一覧を掲載しています。

なお、本書の校正や推敲には、チャットＧＰＴをフル活用しました。技術の進歩により、私の文章がよりクリアで分かりやすいものとなれば幸いです。

能見正比古氏の代表作『血液型愛情学』出版50年を記念して

２０２４年2月　　金澤正由樹

本書では、敬称を省略させていただきました。
イラストには、shigureni free illust を使わせていただきました。
［　］内とゴシックは、特に断りがない場合は著者によるものです。

B型女性はなぜ人気があるのか
AIと300万人のデータで読み解く「血液型と性格」

目次

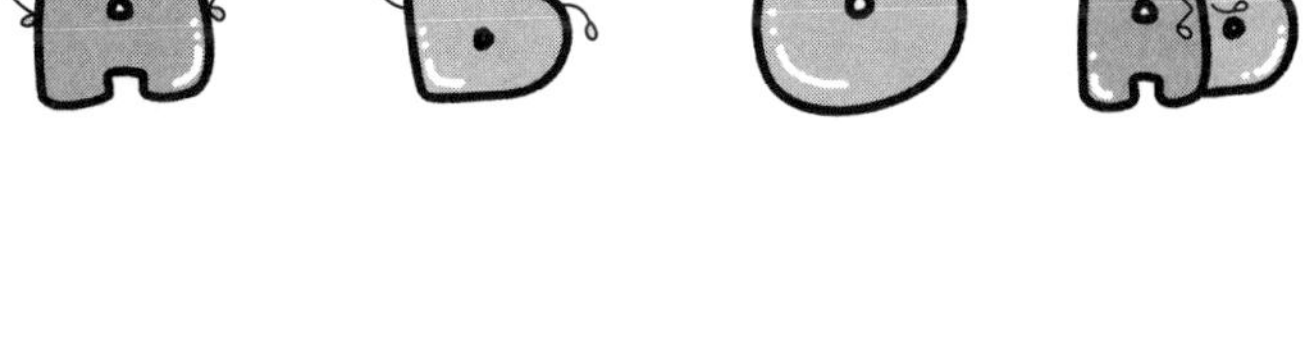

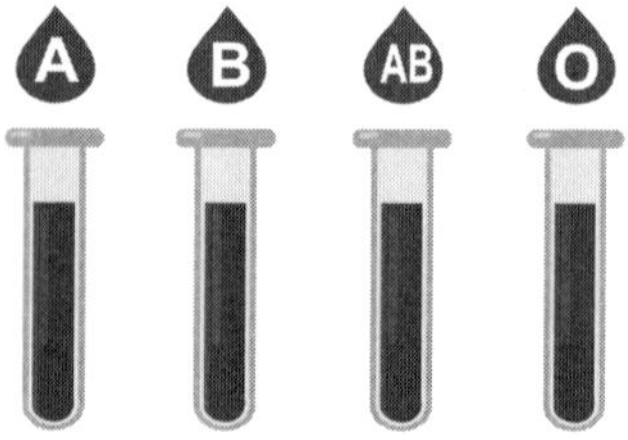
A
B
AB
O

序章　B型女性はなぜ人気があるのか？

B型女性が大人気

血液型と性格の話題は、日本のカルチャーとして広く浸透しています。注目すべきは、最近になって、B型のイメージが大きく変化したことです。その舞台裏を一緒に見てみましょう。

ここでは、現代の日本女性の間で、トップの人気を誇る血液型がB型であるという事実を受け入れていただくため、一つ確かな証拠をお示ししたいと思います。

多くの調査が存在する中で、特に注目すべきは「テレビタレントイメージ調査」というもの。ビデオリサーチ社が年2回、2月と8月に実施しているこの調査は、既に100回以上の実績があります。そして、最近10年のデータを見ると、B型のタレントがほぼトップを独占しているのです。これは、かつてA型が一世を風靡《ふうび》した時代とは大きく

テレビタレントイメージ調査の結果

調査時期	1位	2位	3位
2002年2月	A 山口 智子	A 松嶋菜々子	A 黒木 瞳
2003年2月	A 黒木 瞳	A 久本 雅美	A 樹木 希林
2004年2月	A 黒木 瞳	A 山口 智子	A 松嶋菜々子
2005年2月	A 黒木 瞳	A 山口 智子	A 仲間由紀恵
2006年2月	A DREAMS COME TRUE	A 仲間由紀恵	A 黒木 瞳
2007年2月	A DREAMS COME TRUE	A 仲間由紀恵	O 天海 祐希
2008年2月	A DREAMS COME TRUE	**B 浅田 真央**	O 吉永小百合
2009年2月	**B 浅田 真央**	AB ベッキー	O 吉永小百合
2010年2月	A DREAMS COME TRUE	**B 浅田 真央**	AB ベッキー
2011年2月	**B 浅田 真央**	O 天海 祐希	AB ベッキー A DREAMS COME TRUE
2012年2月	**B 浅田 真央**	**B 綾瀬はるか**	O 天海 祐希
2013年2月	**B 綾瀬はるか**	**B 浅田 真央**	O 天海 祐希
2014年2月	**B 浅田 真央**	**B 綾瀬はるか**	A DREAMS COME TRUE
2015年2月	**B 浅田 真央**	**B 綾瀬はるか**	O 天海 祐希
2016年2月	**B 綾瀬はるか**	**B 浅田 真央**	O 天海 祐希
2017年2月	**B 綾瀬はるか**	A 新垣 結衣	O 天海 祐希
2018年2月	**B 綾瀬はるか**	A 新垣 結衣	O 天海 祐希
2019年2月	**B 綾瀬はるか**	A 新垣 結衣	O 天海 祐希
2020年2月	**B 綾瀬はるか**	A 新垣 結衣	O 天海 祐希
2021年8月	**B 綾瀬はるか**	A 新垣 結衣	O 天海 祐希
2022年2月	**B 綾瀬はるか**	A 新垣 結衣	O 天海 祐希
2023年2月	**B 綾瀬はるか**	A 新垣 結衣	O 天海 祐希

テレビタレントイメージ調査（ビデオリサーチ社）の結果では、2010 年頃からＢ型（太字）の人気がＡ型を上回っている。

※ 2021 年 2 月は、新型コロナのため調査中止。

異なっています（口絵1頁と前頁）。

20年前と現在のデータを比較すると、２０１０年を境にB型の人気がA型を追い越し、その後のトレンドとして確固たる地位を築いていることが確認できます。このデータから、B型の新しい時代が到来していることが分かります。

ところで、私たちがB型の人々に対して持っているイメージや先入観について考えるとき、その中心に位置するキーワードは「らしくない」「型にはまらない」という言葉ではないでしょうか。


ロンドンに拠点を置き、現役のビジネスウーマンとしてその才能を発揮している「めいろま（谷本真由美）」さんは、このことについて独自の洞察を持っています。彼女の考えから、B型の本質や魅力を新たな角度から探求するヒントを得ることができるのです。B型の謎を解明するためのヒント、それは、「らしくない」という言葉に隠されているかもしれませんね。

＊　　＊　　＊

近年の日本はどちらかというと「かわいさ」や中性的なことが好まれる。昭和40年代ぐらいまではどちらかと言うと欧州に近い感じがあったと思う。男は男らしく女は女らしくという感じで、**それが変わり始めたのは私が学生だった１９９０年代ぐらいのような気がするのである。**

セクシーでなければならないという風潮のピークは日本ではバブルの時期ではなかっただろうか。

女性は真っ赤な口紅に長いワンレングスの髪の毛でボディコンのワンピースを着るのが当たり前だった。

男性は肩パットを入れまくって体の大きさを強調したジャケットに、ゴキブリのようにギラギラに光る髪の毛、巨大なサングラスをしてタバコを吸いまくるという男性性を強調したようなファッションが流行っていた記憶がある。

しかし、**そういったものは日本では今はすっかり消え去ってしまい、中性的な男性やだぶだぶの服を着たおとなしい感じの女性が好まれている。**

（谷本真由美「欧州の「同調圧力と性」について日本人は何も知らない」アゴラ
２０２２年10月５日）

＊　＊　＊

日本のポップカルチャーの中で、近年注目されるムーブメントがあります。それは、型にはまらないことを体現する「ゆるキャラ」人気の急上昇です。この現象は、2011年の「ゆるキャラグランプリ」のスタートから顕著になりました。熊本県が誇るキャラクター、「くまモン」が第1回の大会で見事に栄冠に輝いたのは記憶に新しいことでしょう。

さらに、言葉としての浸透を示すエビデンスとして、2008年の新語・流行語大賞で「ゆるキャラ」がノミネートされたこと、そして2013年には「ご当地キャラ」がトップテン入りを達成したことが挙げられます。これらは、私たちの文化において「らしさ」の新たな定義が形成されつつあることを示唆しているのかもしれません。

B型が上位半数のAKB総選挙

AKB総選挙のような人気投票では、そういうB型人気の傾向が見えてきます。ビジュアルに分かるよう、上位16位までの血液型別人数をグラフにしてみました（口絵2頁と次頁）。2010年頃から、B型の人気がA型を追い越しているのが確認できます。

B型に関しては、しばしば「マイペース」や「自己中心的」という一面が取り上げら

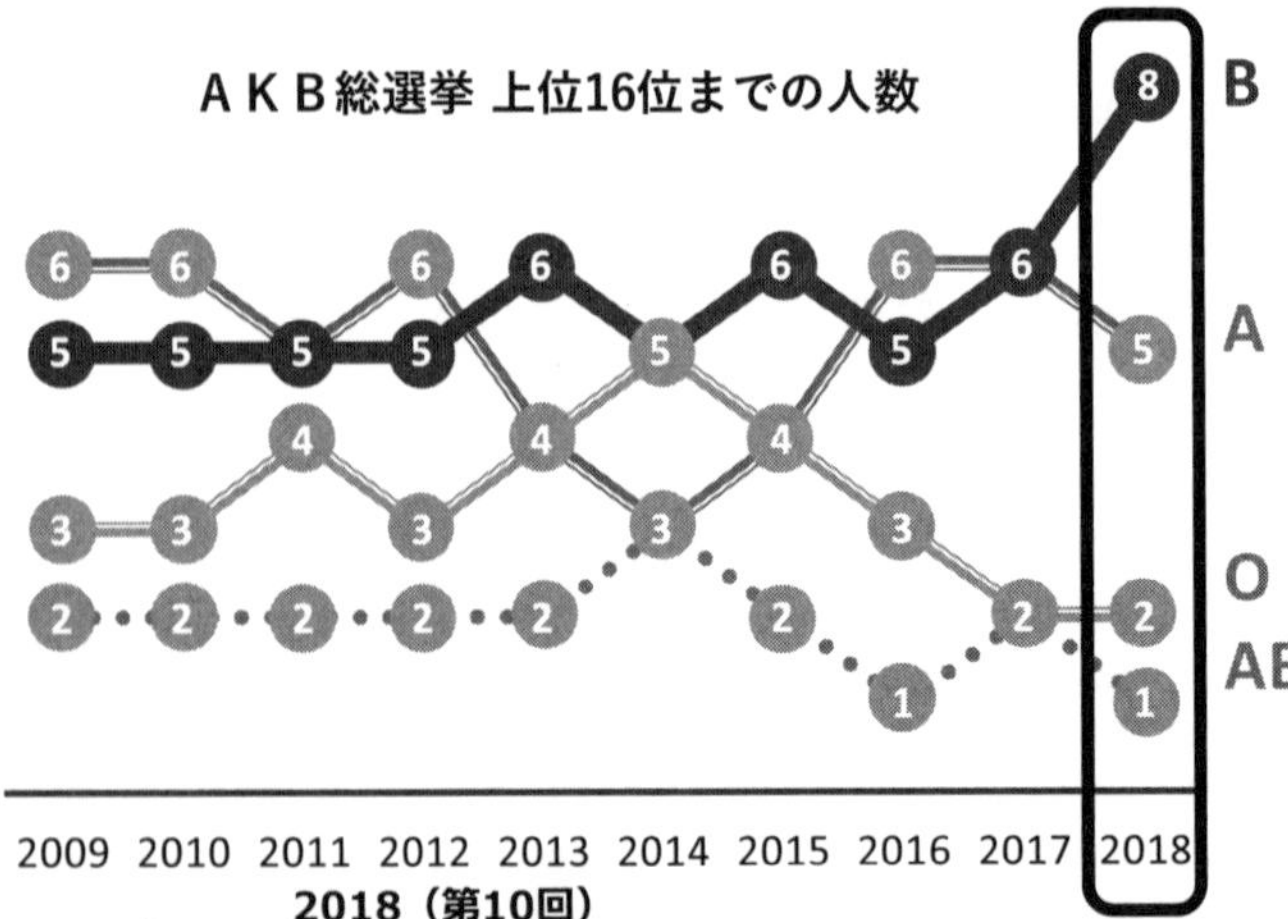

2018（第10回）

順位	血液型	氏　名	得票数
1	B	松井珠理奈	194453票
2	A	須田亜香里	154011票
3	A	宮脇 咲良	141106票
4	A	荻野 由佳	81629票
5	A	岡田 奈々	75067票
6	B	横山 由依	67465票
7	B	武藤 十夢	62611票
8	A	大場 美奈	53998票
9	B	矢吹 奈子	51620票
10	B	田中 美久	50175票
11	B	惣田紗莉渚	48671票
12	B	高橋 朱里	48100票
13	O	向井地美音	47485票
14	AB	吉田 朱里	46837票
15	O	古畑 奈和	45688票
16	B	本間 日陽	39241票

AKB 総選挙上位 16 位までの人数を見てみると、2013 年頃に**B 型**が A 型を逆転している。

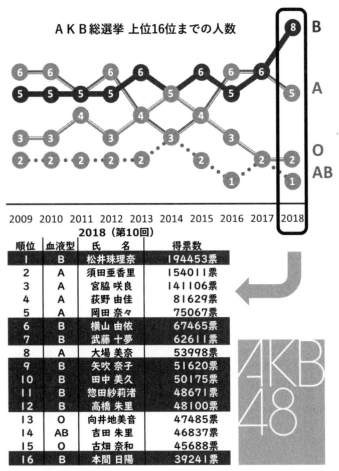

れることが多いようです。これは、B型の多面的な性格の一側面に過ぎません。人の性格は、良い面も悪い面も併せ持っています。B型は、独自の考え方や開放的な性格が魅力として評価される一方で、マイナスのイメージも抱かれやすいと言えます。それにもかかわらず、現代日本におけるB型女性の高まる人気の背後には、彼女たちの「らしくない」「型にはまらない」フレキシビリティが求められているのかもしれません。

総じて、時代やシチュエーションによって人々の好みや価値観は変わるもの。しかしながら、現代日本においてB型の魅力が多くの人々に支持されていることは、本書の数多くのデータが物語っています。

お断りしておきますが、あらゆるシーンでB型が大人気というわけではありません。例えば、ＡＫＢの姉妹グループ、乃木坂46の血液型構成は日本の平均とほぼ同じで、特にB型が多いわけではないのです。しかし、全体的に見ると、B型優位の傾向は揺るぎないものと言えます。

B型の特徴とは

B型は、「マイペース」や「自己中心的」というレッテルを貼られがちです。その背景には、「型にはめられることを嫌う」性質があるのです。ただし、この特性は、B型の思考が単純であることを意味しているわけではありません。むしろ、0と1、白と黒のような極端な区分けを好まないのがB型なのです。

B型とよく比較されるA型は、ものごとの筋道を重視し、ケジメをつけることを重要視します。一方で、B型はそのフレキシビリティと多様性において独自の判断基準を持っています。

綾瀬はるかさんや浅田真央さん、さらに男性では大谷翔平さんやイチローさんといった、B型の著名人はその代表例でしょう。特に大谷翔平さんは、日米を渡り歩きながら投手としても打者としても活躍するという、典型的な「らしくない」「型にはまらない」B型の魅力を放っています。

このB型が持つユニークな行動パターンは、たとえば次のようなものです。これから詳しく探っていきましょう。

＊　＊　＊

○マイペースで自主的行動派。制約され、しばられ、型にはめられることを嫌う。
○多方面に興味を持てるジャーナリスト型。
○興味の対象に固着し、こり性となる。興味関心のある仕事を生き甲斐《がい》とする。
○考え方が形にとらわれず、変化に即応でき、アイデアを好み、また、それに富む。
○物事の正誤については厳密。形式的な価値付けや、白黒を分けることを好まない。
○情にはもろいが、考え方は実用的で、散文的。夢やロマンチック性は、やや、少ない。
○周囲に気を使いすぎたり、環境の影響を受けることは少なく、行動は、やや不用心。
○意識的には、計画、予定、先を読むことを好む。しかし、未来には楽観主義。
○自分の考えや決定したことに、つまり自分で自分に、とらわれすぎることがある。
○人に対しては開放的で信じやすい。が、型通りの付き合いが不得手で、照れ性か無愛想になるか、逆にざっくばらんな態度となる。
○感覚的には鋭敏。快不快や、美意識も敏感で、そのため、やや気分屋になりやすい。
○感情のゆれ動きや表現は大きいが、感情が解消されれば、さっぱりときれいに消える。

○変化には強いが、単純固定的な努力にはやや弱い。
○今とっている行為や考えに固執する傾向から、未練っぽく見えることもある。
○世間的意味の野心は、意外に少ない。
○食欲、睡眠による精神的な影響が少ない。

（能見正比古『血液型愛情学』より）

B型女性が圧勝のフィギュアスケート

B型の特徴は、スポーツの面でも特徴的に現れています。意外かもしれませんが、B型女性が圧勝している代表的なスポーツとして、フィギュアスケートが挙げられます。論より証拠で、ここ20年間のトップ3の血液型を調べたのが次頁の表です。

昔はA型が多かったのですが、２００５年頃から男女ともB型が増え始め、現在はB型が圧倒的に優位に立っています。

フィギュアスケートは、ショートプログラムとフリースケーティングの2部構成です。ショートプログラムでは特定の要素が課せられていますが、フリースケーティングではスケーターがより自由にプログラムを作成できます。

全日本フィギュアスケート選手権　女子トップ3

年	1位	2位	3位
2003	A 安藤美姫	AB村主章枝	O 荒川静香
2004	A 安藤美姫	**B 浅田真央**	AB村主章枝
2005	AB村主章枝	**B 浅田真央**	O 荒川静香
2006	**B 浅田真央**	A 安藤美姫	O中野友加里
2007	**B 浅田真央**	A 安藤美姫	O中野友加里
2008	**B 浅田真央**	AB村主章枝	A 安藤美姫
2009	**B 浅田真央**	A 鈴木明子	O 中野友加
2010	A 安藤美姫	**B 浅田真央**	A村上佳菜子
2011	**B 浅田真央**	A 鈴木明子	A村上佳菜子
2012	**B 浅田真央**	A村上佳菜子	**B 宮原知子**
2013	A 鈴木明子	A村上佳菜子	**B 浅田真央**
2014	**B 宮原知子**	O 本郷理華	A 樋口新葉
2015	**B 宮原知子**	A 樋口新葉	**B 浅田真央**
2016	**B 宮原知子**	A 樋口新葉	A 三原舞依
2017	**B 宮原知子**	**B 坂本花織**	O 紀平梨花
2018	**B 宮原知子**	O 紀平梨花	**B 宮原知子**
2019	O 紀平梨花	A 樋口新葉	O 川畑和愛
2020	O 紀平梨花	**B 坂本花織**	**B 宮原知子**
2021	**B 坂本花織**	A 樋口新葉	O 河辺愛菜
2022	**B 坂本花織**	A 三原舞依	? 島田麻央
2023	**B 坂本花織**	**B 千葉百音**	? 島田麻央

B型（**太字**）がほぼトップを独占している。

この競技は、アーティスティックな要素（演技、表現、音楽との調和）と技術的な要素（ジャンプ、スピン、ステップシークエンスなど）のバランスが求められます。選手は美しい演技を披露する一方で、難しい技術を確実に決める必要があるのです。

特にジャンプ技の回転数が重要です。選手はシングル、ダブル、トリプル、クワドラプルといった回転数を追求し、高い技術水準を目指します。クワドラプルジャンプの成功は、競技の中で大きなポイントをもたらす要素の一つとなっています。こういう技術面が重要視される場合は、「こり性」や「仕事の鬼」（能見正比古氏による）とよく言われるB型が強くなります。

特に、フリープログラムでは、選手は自分に合った音楽を選び、その音楽に合わせて表現力豊かな演技を行う必要があります。音楽のストーリーに沿った表現や感情の表現は、審判や観客に強い印象を与える重要な要素となります。シングルでは、自分だけで個性的な表現ができるので、B型が他の血液型を圧倒しているのでしょう。

攻撃に強いB型 vs 守備に強いA型

球技における選手の血液型とその能力の関係は、多くのスポーツファンや研究者の興

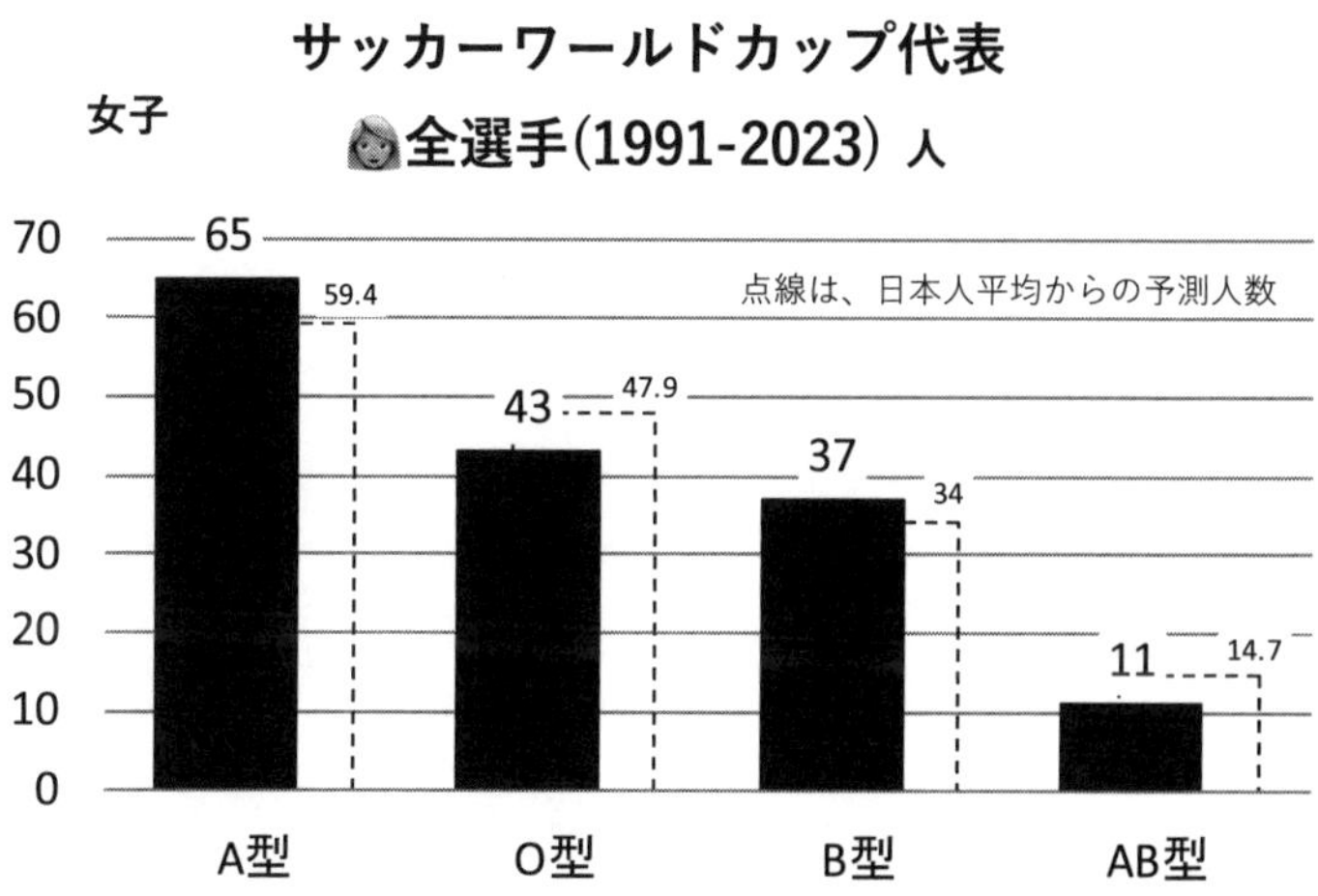

日本人平均とほぼ一致する

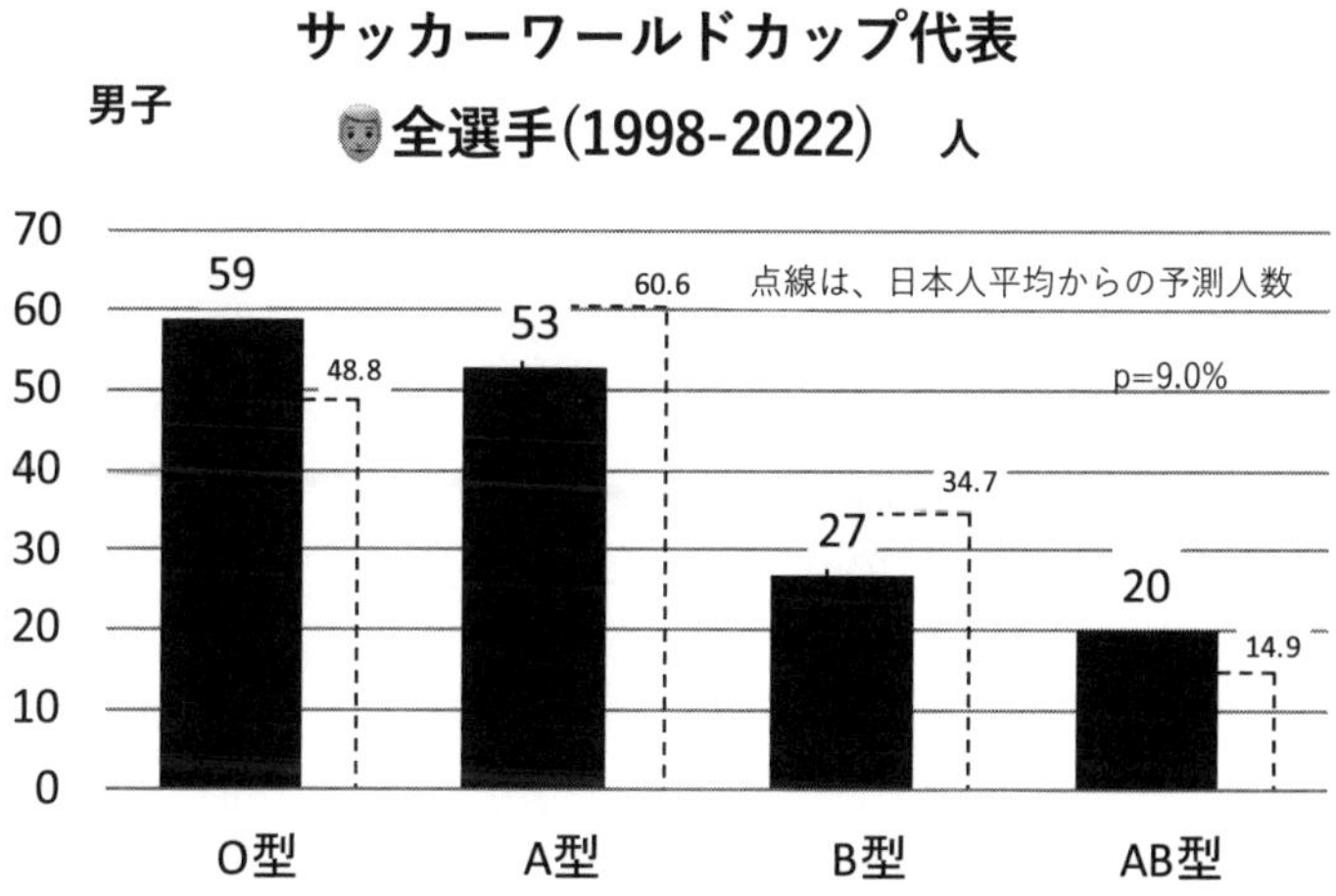

O型が１位だが、人口比ではAB型も健闘

味を引きつけています。一般的には、球技での圧倒的なパフォーマンスはO型に見られると言われています。しかし、前頁のグラフにあるように、サッカーFIFAワールドカップにおける「なでしこジャパン」の血液型分布は日本人平均にほぼ一致し、血液型の差による明確な特徴は一見、存在しないかのようです。

前著『「デジタル時代」の血液型と性格』でも、この疑問が浮上していました。そこで、新しいアプローチとして、攻撃と守備の役割に分けてデータを分析してみると、興味深い結果が明らかになります（口絵3頁と次頁）。

B型　攻撃（MF＋FW）66％（21人）vs 守備（GK＋DF）34％（11人）
A型　攻撃（MF＋FW）42％（23人）vs 守備（GK＋DF）58％（32人）

これらの数字を見ると、A型の選手はよく気が付くため、特に守備が得意と言えそうです。この傾向は、男子のサッカー選手にも当てはまり、プロ野球の世界でも、打撃を得意とするO型やB型の選手に比べ、投手ではA型の選手が目立っています。

サッカーワールドカップ代表
全選手のポジション比較

女子

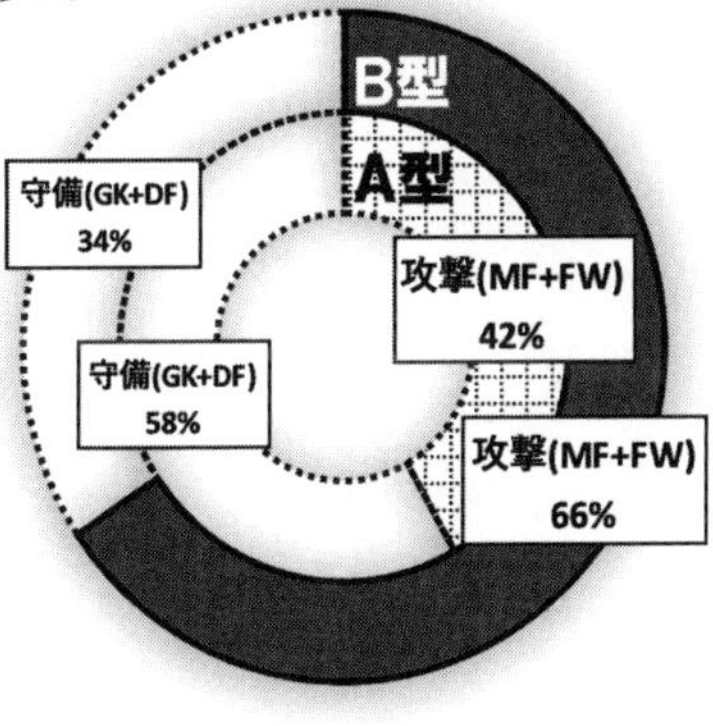

女子はB型（外円）は攻撃、A型（内円）は守備が多い傾向となる。

サッカーワールドカップ代表
全選手のポジション比較

男子

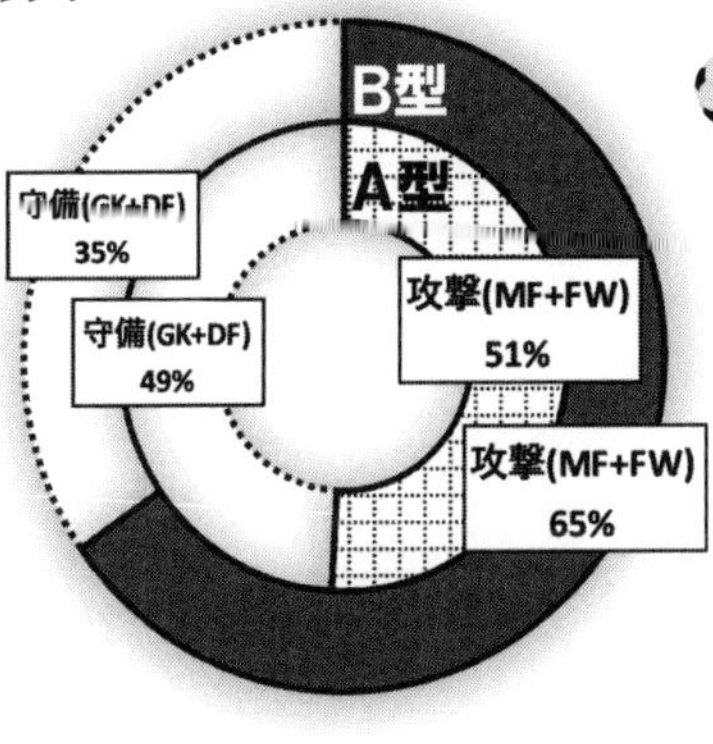

男子もB型（外円）は攻撃、A型（内円）は守備が多い傾向となる。

B型の性格は国によって変わる?

まだ研究途中なのですが、B型の性格は国によって変わるのかもしれません。私の最新の調査[★1]によると、韓国ではA型が最も内向的で、B型が最も外向的という結果になりました。なぜか男性より女性の差が大きいようです。最近の韓国大統領は、李明博《イミョンバク》、朴槿恵《パククネ》、文在寅《ムンジェイン》、尹錫悦《ユンソンニョル》とB型が続きますが、何か関係があるのかもしれませんね。

なお、日本では血液型と内向性・外向性には関係は見られませんでした。逆に、アメリカの調査では、B型が最も内向的なようです。[★2] そういえば、アメリカの大統領は、初代ワシントン以外には、B型はいないようです。

【まとめ】

・日本では2010年頃からB型女性が大人気
・理由は「らしくない」がトレンドだから?
・女子フィギュアスケートのシングルではB型選手が圧勝
・サッカーでは、B型女子選手は攻撃に強い傾向がある

★1　Masayuki Kanazawa, A pilot study using AI for genetic effects on personality: ABO blood type in Japan/Korea, bioRxiv, 2023.

★2　Donna K. Hobgood, ABO B gene is associated with introversion personality tendancies through linkage with dopamine beta hydroxylase gene, Medical Hypctheses, 2021.

【ミニ知識】先駆者・能見正比古氏の足跡

「血液型と性格」を語る際、能見正比古氏の名前を欠かすことはできません。彼は、日本人が血液型に興味を持つきっかけを作った先駆者として、私たちの記憶に深く刻まれています。

能見氏は、もともと作家としての地歩を築いていましたが、１９７１年の『血液型でわかる相性』の出版を皮切りに、血液型と性格に関する研究が一躍注目を集めるようになりました。さらに２年後の１９７３年には『血液型人間学』を出版し、これもまたベストセラーに。この２冊の書籍は、日本全国に血液型ブームをもたらす原動力となりました。

彼の影響力は書籍だけに留まりません。テレビ、ラジオ、雑誌などさまざまなメディアを通じて、血液型と性格の関係性を広めることに尽力しました。現代において、私たちが目にする血液型と性格に関する情報は、そのほとんどが能見氏の業績に基づいていると言っても過言ではありません。

本書においても、能見正比古氏の説が基本となっています。彼は1925年に生まれ、1981年に56歳の若さで亡くなりましたが、彼の遺した学説や論考は、今後も長く私たちと共にあり続けることでしょう。

【コラム】エデンの血液型劇場

エデンの園に住むイブ。ある日、蛇から禁断の果実の誘惑が！　しかし、イブの行動は彼女の血液型に左右されるかも?!

《シーン1》A型イブ

イブ「規則は規則よ！　神様に感謝してるから、そんなこと出来ないわ！」

蛇「A型っぽいな。でも、本音を聞きたいぞ。」

イブ「私、冒険より安定を選ぶの。」

《シーン2》B型イブ

アダム「ねぇ、あれ、食べなかったよね？」

イブ「蛇が勧めてきて……」

イブ「でも、おなか減ってたから、蛇焼いてたべちゃった♪」

《シーン3》O型イブ

イブ「食べてみたいけど……ダメだよね。う〜ん、どうしよう？」

蛇　「オイオイ、O型は大胆なはずだろ?」
イブ「でも、O型は新しいものに対してちょっと慎重なのよ。昔からの習慣ってやつ?」
《シーン4》AB型イブ
蛇　「AB型は何も決められないって聞いてたけど、待ってる間に果実が腐っちゃったよ。」
イブ「ああ、考えすぎちゃって。でも、それもAB型の魅力かも。」
《次回予告》
アダムも果実を食べたって噂……彼の血液型とは?!　エデンのドラマは続く……

第一部　ビギナーズ編

おもしろ真面目な「血液型と性格」

第一章　スポーツ

第一部のはじめに

皆さんは、サッカー選手にはB型が少ないとか、ホームラン王にはA型が少ないという情報を聞いたことがあるかもしれません。序章で説明したように、サッカーにB型が少ないというのは、男子のみに見られる傾向で、必ずしも女子には当てはまりません。もっとも、全体としては、攻撃のB型、守備のA型という傾向は変わらないようです。その背後には、何らかの関連性が隠れているのでしょうか。

武田知弘氏の著書『本当はスゴイ！血液型』では、スポーツ選手の間での血液型の得意・不得意の違いについて語られています。特定の血液型が一部のスポーツで優勢であるという話は、よくスポーツ雑誌にも取り上げられ、その結果、血液型と性格との関連性に対する一般の関心が増していると言えます。

ところで、日本人の血液型の分布は、A型38・1%、O型30・7%、B型21・8%、AB型9・4%となります。[★1] これを機に、新たな視点でデータの解釈に深く触れてみる価値があるのではないでしょうか。

では、これから興味深い結果を見ていくことにしましょう。

サッカーはO型が強い

現在、日本で最も人気があるスポーツはサッカーでしょう。39頁に、サッカーFIFAワールドカップの日本代表男子全選手（1998－2022年）の血液型ランキングを示しておきました。さすがにB型がゼロということはありませんが、やはり4つの血液型中27人と割合が少なくなっています。[★2] これは、「単なる偶然」という一言で片付けられないですよね。では、こんなことが起きる確率はどのぐらいなのでしょう？

この数値を正確に計算するためには、少々専門的になりますが「カイ2乗検定」という統計的な分析が必要になります。結果だけ示しておくと、この数値p[★3]は9・0%なので、統計的に意味がある差とまでは言えませんが、傾向はあると言ってもよいでしょう。

女子についても、ＦＩＦＡワールドカップ代表選手「なでしこジャパン」（１９９１—２０２３年）全員の血液型ランキングを39頁に示しました。男子とは対照的に、多い順にA型、O型、B型、ＡB型となり、こちらは日本人の血液型分布どおりの順となっています。

しかし、ポジション別に分析してみると、様子が全然違っているのです。口絵3頁や41頁にも示したように、攻撃（ＭＦ＋ＦＷ）はB型、守備（ＧＫ＋ＤＦ）はA型が多いことは明らかです。

お恥ずかしい話ですが、このことは２０２３年の「なでしこジャパン」で目立っていたので、調べて初めて気が付きました。あわてて、過去に遡って全データを調べてみたところ、確かに攻撃はB型、守備はA型が多かったのです。

そこで、改めて男子も調べ直してみたところ、この傾向は男女とも同じで、攻撃（ＭＦ＋ＦＷ）はB型、守備（ＧＫ＋ＤＦ）はA型が多いのです。さらに、この傾向は、プロ野球とも一部共通します。投手はA型がやや多いのですが、トップクラスの打者にはO型やB型が多く、A型はあまり振るいません。血液型的には、攻撃に強いB型、守りに強いA型と言われますが、図らずもこのことを実証してしまった形です。

プロ野球の強打者はO型

次からのプロ野球と相撲については、能見正比古氏の解説に最新データを追加し、チャットGPTを使って書き替えたものです。私が自分で書くよりいいかも……。

さて、プロ野球でも、プレー内容やポジションによって血液型の特色がはっきりと現

日本ホームランランキング 2023年末

順位	血液型	選手名	本数
1	O	王貞治	868
2	B	野村克也	657
3	B	門田博光	567
4	B	山本浩二	536
5	O	清原和博	525
6	O	落合博満	510
7	O	張本勲	504
7	O	衣笠祥雄	504
9	O	大杉勝男	486
10	O	金本知憲	476
11	A	田淵幸一	474
12	O	中村剛也	471
13	O	土井正博	465
14	?	T．ローズ	464
15	B	長嶋茂雄	444
16	O	秋山幸二	437
17	AB	小久保裕紀	413
18	A	阿部慎之助	404
19	O	中村紀洋	404
20	A	山﨑武司	403
(7)	O	松井秀喜	507

O11 A3 B4 AB1 **松井**は大リーグ通算

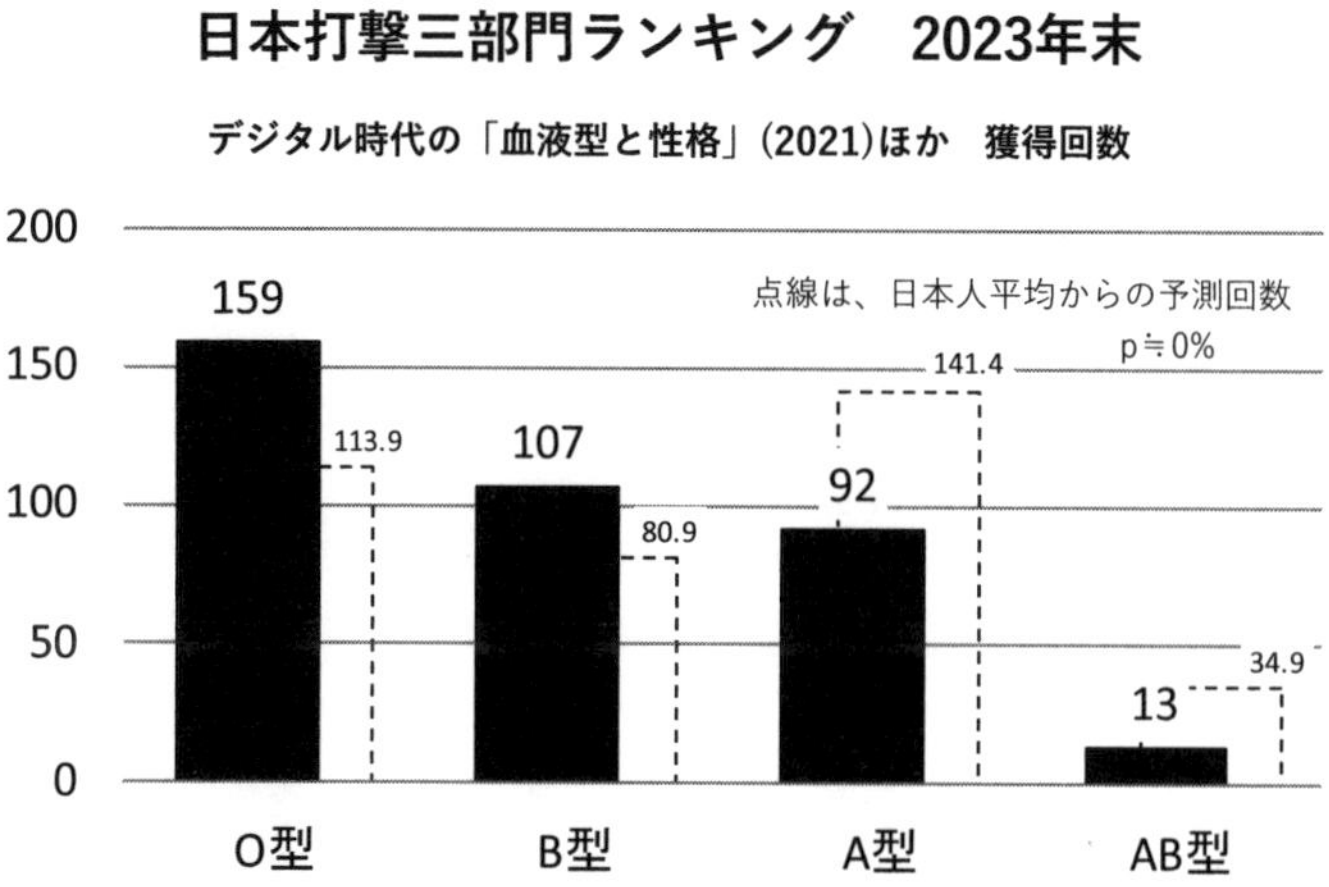
日本打撃三部門ランキング　2023年末
デジタル時代の「血液型と性格」(2021)ほか　獲得回数
200
150
100
50
0
159
113.9
107
80.9
92
141.4
13
34.9
点線は、日本人平均からの予測回数
p≒0%
O型
B型
A型
AB型

日本はO型が1位

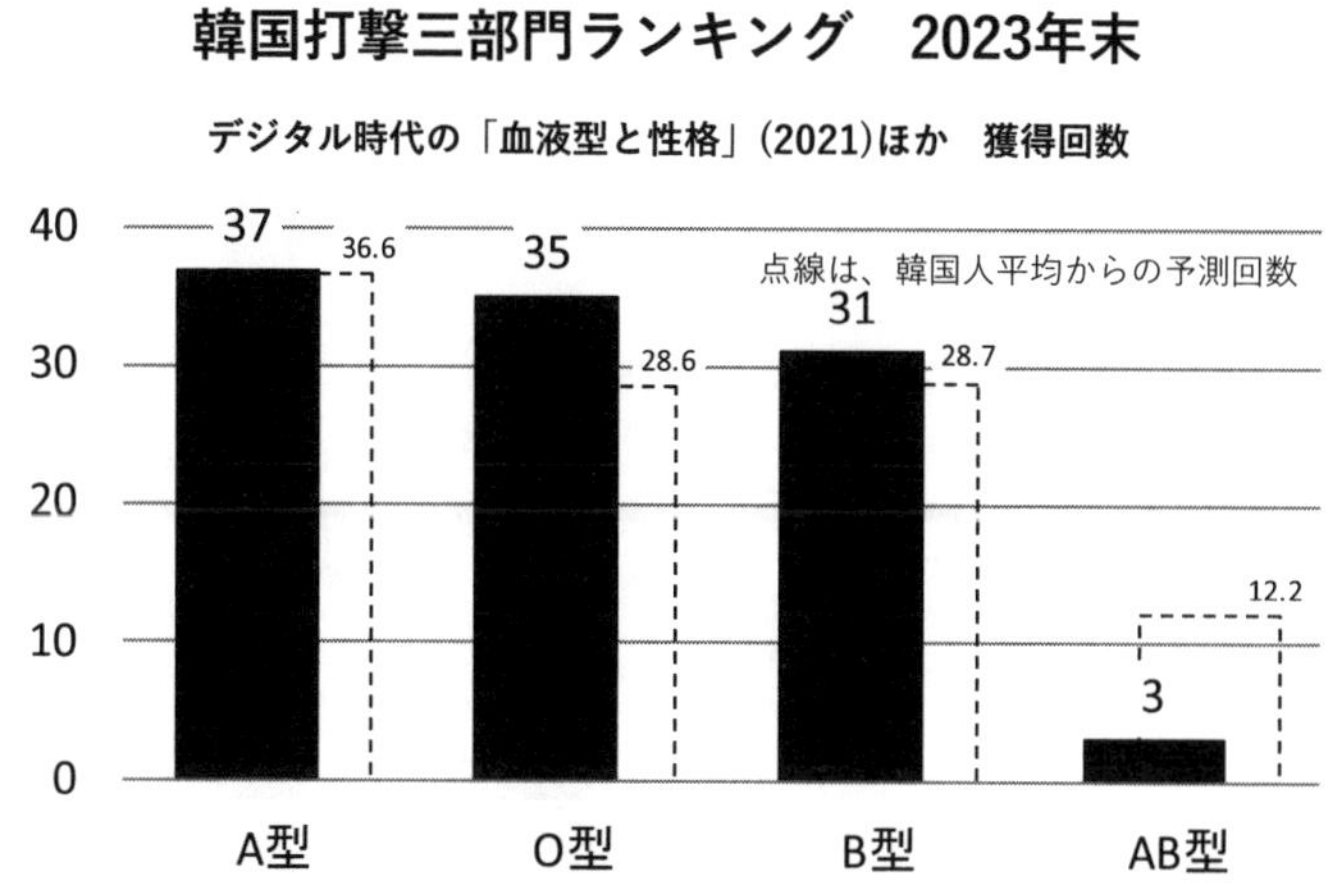
韓国打撃三部門ランキング　2023年末
デジタル時代の「血液型と性格」(2021)ほか　獲得回数
40
30
20
10
0
37
36.6
35
28.6
31
28.7
3
12.2
点線は、韓国人平均からの予測回数
A型
O型
B型
AB型

韓国も比率だとO型が1位

れます。なかでも、打撃部門での傾向は極めて興味深いものがあります。ホームランを打つ力強さ、ロング・ヒッターとして名を馳せる選手たちの中には、O型とB型の選手が目立つのです（52頁）。

例えば、ホームランの日本記録保持者である王貞治選手のような特別な存在は、もちろんO型です。このようなO型の選手が他の血液型に比べて優勢であることは、興味深い発見と言えるでしょう。しかし、打撃部門で優秀な成績を収める選手の中にはA型の選手もいます。

O型は瞬間的な集中力とタイミングの巧さで輝き、B型は大胆なプレーが持ち味です。逆に、A型はチーム全体の動きを考えたプレーが多く、その気質が個人成績に影響を及ぼしているのかもしれません。

守備や投手の位置に立つ選手たちは、A型が優秀な成績を収めていることが多いですが、プロのスポーツ界という厳しい舞台がO型の気質に適しているとも言えるでしょう。血液型の違いが、野球のステージでどのように表れるのかを見ていくことは、スポーツ観戦の新たな楽しみ方を提供してくれるのではないでしょうか。

【注】53頁のグラフでわかるように、韓国でも日本と同じでO型が強いようです。韓国人のO型は27％で、A型の34％より少ないため（167頁）、日韓ともにO型が優勢である傾向は変わりません。

O型選手は、サッカー、プロ野球だけではなく、ゴルフ、卓球、柔道においても、その活躍は目立っています。ヨーロッパの研究によると、水球（ポロ）やマラソンはO型が得意とされていて、複数の学術論文が発表されています[★4][★5]。

そういうO型の特徴は、たとえば次のようなものです。

O型の特徴とは

○生きる欲求に順応する。そのための生命の要求にも最も純粋。
○バイタリティに富む。
○目的を定めると達成力抜群の目的志向性の反面、目的が曖昧《あいまい》な時は意欲が欠落気味。
○ロマンチック、理想主義的な考え方を好むが、シンは極めて強い現実性を持つ二面性。

○集団性が強く、仲間を大切にし、心と心のつながりを求める。人間性豊かな感じが多い。
○仲間以外には警戒心強く、敵味方を分ける傾向がある。他人の好悪の目に神経質。
○政治性は強いが、権力など、力で頭を押えられることを特に嫌う。勝負師である。
○率直でストレートな考え方、直情径行が共通するが、行きすぎると単純さも出る。
○自己表現、自己主張も強い。
○社会での自分の立場や地位により、自分の外見の表現を変えやすい。
○言葉の使い方が巧みで論理性がある。事物を直観的に理解。視覚的記憶に長ずる。
○創造性を好み、個性的なことを尊重する。
○信念、主義を持って生きようとする傾向。
○専門家《プロ》となって強いタイプ。
○感情を後へ残さぬ淡白さがある。ただ、論理的に窮した時、突如感情的にもなる。
○自然や生き物を愛する人が多い。
○健康を失うと、気力も衰える風がいちじるしい。

（能見正比古『血液型愛情学』より）

大相撲に強いA型

スポーツといえば、通常はスピードやパワーが求められますが、日本伝統の国技、大相撲では、この条件が一変します。昭和初期から現在に至るまでの横綱たちの血液型を見てみると、A型の力士が圧倒的に多いのに対して、スポーツの多くの場面で活躍するO型は驚くほど少ないことが分かります。B型はさほど目立ちませんが、特に人気のある力士や強い横綱には、O型をしのぐ存在感を見せています。では、何がA型力士を土俵上で輝かせるのでしょうか。

相撲は瞬間的な勝負ですが、〝地力〟と呼ばれる安定した力や、攻撃を受け止めたり支える防御力が必要とされるスポーツです。その地力を培うためには、数百回のシコや千回の鉄砲といった単調な練習を黙々と耐え抜く必要があります。そして、この一見単調な練習に対する辛抱強さは、まさしくA型の特性と言えるでしょう。平成からはモンゴル人の横綱も多いですが、それでもやはり、A型の存在は際立っています。ただし、女子サッカーの日本代表と同じで、力士全体では血液型の差は見られませんでした。★6

A型の特徴は、たとえば次のようなものです。

横綱の血液型　2023 年末現在

O型	A型	B型	ＡＢ型
９人	１６人	９人	２人
千代の山	玉錦	羽黒山	玉の海
鏡里	双葉山	前田山	北の湖
北の富士	照國	若乃花	
隆の里	栃錦	（初代）	
曙	朝潮	柏戸	【不明】
貴乃花	栃ノ海	大鵬	大乃国
朝青龍	佐田の山	琴櫻	
日馬富士	輪島	旭富士	
照ノ富士	若乃花	若乃花	
	（２代目）	（３代目）	
	三重ノ海	稀勢の里	
	千代の富士		
	北尾（双羽黒）		
	北勝海		
	武蔵丸		
	白鵬		
	鶴竜		

デジタル時代の「血液型と性格」（2021）ほか

浮谷秀一・大村政男・藤田主一（2014）[★6] によると、力士全体では血液型による差は見られない

A型の特徴とは

○使命感、道義感を持って生きようとする。
○自分の周囲との人間関係の安定静穏を強く望み、そのため、まわりに細かく気を使う。
○ルールや社会集団の秩序を尊重し、チームワークを大切にする。
○筋を通したがり、ものごとのケジメ、白黒をハッキリ分けたがる。型にはまる傾向もややある。型を守る意味で、ガンコな印象。
○社会と協調的なカラ、外面の姿勢を作り、自分の内の心と外の表現を分ける傾向が多い。
○内心は、しばしば現状否定の夢に満ちる。
○継続的なものへの忍耐や、肉体的な苦痛への耐久性にすぐれ、努力型の印象。ストイックな向上心は豊か。
○環境の流動的状態、変化の多い対人状況、自分の生活の型《パターン》が通用しないところで耐久性に乏しい。
○強い自己主張や目立つこと、極端はきらうほう。ほのぼのとしたムードを好む。

○感情はよく抑制するが、一度傷つくと回復は困難で、長くかかるほう。
○ごく少数の心を許す友人を求めるほう。責任感で自分の属する仲間は大切にする。
○思いやり、察し合いを大切にする。
○未経験の行動にふみ出す時、細心慎重。
○刺激に対する反応は、やや短気、短絡的。
○未来に対してはマイナスを考える悲観主義の傾き。それが完全主義にもつながる。
○機械的なものへの趣味性が高い。
○食事、睡眠などに精神的影響を受けやすい。

（能見正比古『血液型愛情学』より）

【まとめ】

・O型とB型は一般的にスポーツに強い
・個人競技で技術力が試される場合にはB型が強い
・B型は攻撃が得意で、A型は守備が得意な傾向がある

★１　古畑種基『血液型の話』１９６２年　サンプルは約１１５万人

★２　大村政男・浮谷秀一・藤田主一「『血液型性格学』は信頼できるか（第30報）Ⅲ　アスリートに血液型の特徴が見られるか」『日本応用心理学会大会発表論文集』２０１３年 によると、Ｊリーグ選手全体では血液型の差は見られない。

★３　確率統計で、その現象が偶然に起きたのかどうかを判断するための根拠となる数値で、危険率ｐと呼ばれる。普通は、この数値が５％未満の場合に、偶然ではない「有意」な差（有意差）があるとされ、10％未満だと傾向があるとされる。血液型の場合は、「2項分布」「カイ2乗検定」「Ｆ検定」などがよく使われる。

★４　Suzana Cvjeticanin, Dragoslav Marinkovic, Morphogenetic variablity during selection of elite water polo players, Journal of Sports Science, 2009.

★５　Giuseppe Lippi, Giorgio Gandini, Gian Luca Salvagno et al., Influence of ABO blood group on sports performance, Annals of Translational Medicine, 2017

★６　浮谷秀一・大村政男・藤田主一「『血液型性格学』は信頼できるか（第31報）国技大相撲の力士の血液型」『日本応用心理学会大会発表論文集』２０１４年

【コラム】酒の席

職場の歓迎会を兼ねた飲み会がありました。

焼肉の食べ放題。

私、若い人達と同じ席になりました。

私、肉は好きですが、ここ近年あまり食べられなくなりつつあります……

そこで、私は焼く係になり、ジュージュー焼いて、若い連中に皿に盛ってやりました。

私自身が食べる量を加減するのが目的。皆「あ、すみません」なんて言ってバクバク食べます。


隣の席のS君、私に「もしかしてB型ですか？」と訊いてきました。

S君は普段の私に対する印象から、私をB型と思っていたようです。

「俺O型だよ」と言うと、彼は「俺、O型です」と言います。

「じゃ、同じだね」なんてＨＡＨＡＨＡ

S君はAB型の人は、なーんかちょっと面白いことを言う印象があると、言います。

私は血液型のことになると五月蠅《うるさ》い。

私は小学3年生の頃から、血液型に興味をもっています。

工事現場をはじめ様々な屋外でヘルメットの後ろに記された血液型に着目すると、BとOの比率が高い。
A、O、B、ABの比率が日本では4：3：2：1なのですが、私が見てきた世界はこうではなかった。
Aの現場作業員は少ない。現場監督をしていたりします。

AB型をまれに見かけますが、自己完結型。一人で受注して、作り仕上げ、納品するようなところがあります。

屋外の作業現場には割合的にOとBが多い。

くどいですが、あくまで、私が見てきた範囲で、こうなってます。

日本において血液型と性格の関連を研究し始めたのは故能見正比古氏と長い間思って

いましたら、ある時占術師に古川竹二が元祖だと教わったことがあります。で、調べると、1927年に古川氏は『血液型による気質の研究』を発表。能見氏はその影響を受け、70年代に入って一般向けの書物をどんどん出版しています。因みに能見氏はB型。

書きだすと止まらなくなるので終わりにします。

S君の感覚も、私の経験も正しいとするなら、私はB型に感化されてきたのかな〜って思います。

そう考えると、上手くまとまってる。

ついでなんで、5月30日は大スター井上陽水氏の誕生日。氏はAB型。確かに独特で面白いトークです。

どうでもいい締めくくりになりました。

（やすさん。）

第二章　カルチャー

将棋と囲碁はA型が大本命

２０２３年の将棋界の大きな話題は、Ａ型棋士の藤井聡太八冠が、破竹の快進撃を続けていることでしょう。そのせいもあるのか、現在の最大勢力はA型となっています。

ここでは、将棋の８タイトルのなかで最高峰とされ、最も歴史の長い名人戦のデータを分析した結果を報告しておきます。名人戦の勝者のうち、最ものべ人数が多いのは、B型の34人で、続いてO型が18人、A型が17人、ＡＢ型が一番少なくて10人です。

○歴代名人（血液型判明者の獲得年順）

木村義男Ａ、大山康晴Ｂ、升田幸三Ａ、中原誠Ｂ、加藤一二三Ａ、谷川浩司Ｏ、米長邦雄ＡＢ、羽生善治ＡＢ、佐藤康光Ｏ、丸山忠久Ａ、森内俊之Ｏ、佐藤天彦Ａ、豊島

将棋名人戦の優勝者

年度		名人
1937-1938	A	木村 義雄
1939-1940	A	木村 義雄
1941-1942	A	木村 義雄
1943-1944	A	木村 義雄
1945-1946	A	木村 義雄
1947	?	塚田正夫
1948	?	塚田正夫
1949	A	木村義雄
1950	A	木村義雄
1951	A	木村義雄
1952	B	大山康晴
1953	B	大山康晴
1954	B	大山康晴
1955	B	大山康晴
1956	B	大山康晴
1957	A	升田幸三
1958	A	升田幸三
1959	B	大山康晴
1960	B	大山康晴
1961	B	大山康晴
1962	B	大山康晴
1963	B	大山康晴
1964	B	大山康晴
1965	B	大山康晴
1966	B	大山康晴
1967	B	大山康晴
1968	B	大山康晴
1969	B	大山康晴
1970	B	大山康晴
1971	B	大山康晴
1972	B	中原　誠
1973	B	中原　誠
1974	B	中原　誠
1975	B	中原　誠
1976	B	中原　誠
1977	-	（中止）
1978	B	中原　誠
1979	B	中原　誠
1980	B	中原　誠
1981	B	中原　誠
1982	A	加藤一二三
1983	O	谷川浩司
1984	O	谷川浩司
1985	B	中原　誠
1986	B	中原　誠
1987	B	中原　誠
1988	O	谷川浩司
1989	O	谷川浩司
1990	B	中原　誠
1991	B	中原　誠
1992	B	中原　誠
1993	AB	米長邦雄
1994	AB	羽生善治
1995	AB	羽生善治
1996	AB	羽生善治
1997	O	谷川浩司
1998	O	佐藤康光
1999	O	佐藤康光
2000	A	丸山忠久
2001	A	丸山忠久
2002	O	森内俊之
2003	AB	羽生善治
2004	O	森内俊之
2005	O	森内俊之
2006	O	森内俊之
2007	O	森内俊之
2008	AB	羽生善治
2009	AB	羽生善治
2010	AB	羽生善治
2011	O	森内俊之
2012	O	森内俊之
2013	O	森内俊之
2014	AB	羽生善治
2015	AB	羽生善治
2016	A	佐藤天彦
2017	A	佐藤天彦
2018	A	佐藤天彦
2019	B	豊島将之
2020	O	渡辺　明
2021	O	渡辺　明
2022	O	渡辺　明
2023	A	藤井聡太

将之B、渡辺明O、藤井聡太A

↓A型6人、O型4人、B型3人、AB型2人

このように、時代によってA↓B↓AB・O↓Aと、戦前のA型から始まって最近はまたA型と、ぐるり一周。しかし、その間には強い血液型が大きく変わってきたことに驚かされます。

のべ人数でトップのB型は、意外なことに大山康晴、中原誠、豊島将之の3人だけと少数派です。これは、B型の人数は少なくとも、ときどき常識では考えられないほどの大スターが出現することと共通します。このことは、プロ野球の大谷翔平にも共通する傾向です。

女流名人はどうでしょう？　のべ人数では、A型30人、O型13人、B型6人となり、なぜかAB型はいません。里見香奈女流名人に代表されるA型が圧倒しています。

女流将棋名人戦の優勝者

年度		名人
1974	**A**	**蛸島彰子**
1975	**A**	**蛸島彰子**
1976	**A**	**蛸島彰子**
1977	**A**	**山下カズ子**
1978	**A**	**山下カズ子**
1979	**A**	**山下カズ子**
1980	**A**	**山下カズ子**
1981	**A**	**蛸島彰子**
1983	B	林葉直子
1984	B	林葉直子
1985	**A**	**中井広恵**
1986	**A**	**中井広恵**
1987	O	清水市代
1988	**A**	**中井広恵**
1989	O	清水市代
1990	B	林葉直子
1991	**A**	**中井広恵**
1992	**A**	**中井広恵**
1993	**A**	**中井広恵**
1994	O	清水市代
1995	O	清水市代
1996	O	清水市代
1997	O	清水市代
1998	O	清水市代
1999	**A**	**中井広恵**
2000	B	斎田晴子
2001	**A**	**中井広恵**
2002	**A**	**中井広恵**
2003	O	清水市代
2004	O	清水市代
2005	O	矢内理絵子
2006	O	矢内理絵子
2007	O	矢内理絵子
2008	O	清水市代
2009	**A**	**里見香奈**
2010	**A**	**里見香奈**
2011	**A**	**里見香奈**
2012	**A**	**里見香奈**
2013	**A**	**里見香奈**
2014	**A**	**里見香奈**
2015	**A**	**里見香奈**
2016	**A**	**里見香奈**
2017	**A**	**里見香奈**
2018	**A**	**里見香奈**
2019	**A**	**里見香奈**
2020	**A**	**里見香奈**
2021	**A**	**伊藤沙恵**
2022	B	西山朋佳
2023	B	西山朋佳

女流将棋名人戦は、今も昔も圧倒的に**A型**（**太字**）が強い。

○歴代女流名人（血液型判明者の獲得年順）
蛸島彰子A、山下カズ子A、林葉直子B、中井広恵A、清水市代O、斎田晴子B、矢内理絵子O、里見香奈A、伊藤沙恵A、西山朋佳B
↓A型5人、B型3人、O型2人、AB型ゼロ

どうやら、現在の将棋は男女ともA型を中心にして動いているようですね。

棋風の違いについては、A型は一定の「型」、つまり定跡を重視するのに対して、B型は型を重視せずに、柔軟に対応すると言われています。


囲碁はどうでしょうか？

囲碁名人戦ののべ人数では、A型26人、B型17人、O型11人、AB型5人と、ここでもA型の圧勝です（次頁）。

○歴代名人（血液型判明者の獲得年順）
藤沢秀行O、坂田栄男A、林海峰B、高川格AB、石田芳夫AB、大竹英雄A、趙治

囲碁名人戦の優勝者

年度	血液型	優勝者
1962	O	藤沢秀行
1963	**A**	**坂田栄男**
1964	**A**	**坂田栄男**
1965	B	林　海峰
1966	B	林　海峰
1967	B	林　海峰
1968	AB	高川　格
1969	B	林　海峰
1970	O	藤沢秀行
1971	B	林　海峰
1972	B	林　海峰
1973	B	林　海峰
1974	AB	石田芳夫
1975	**A**	**大竹英雄**
1976	**A**	**大竹英雄**
1977	B	林　海峰
1978	**A**	**大竹英雄**
1979	**A**	**大竹英雄**
1980	B	趙　治勲
1981	B	趙　治勲
1982	B	趙　治勲
1983	B	趙　治勲
1984	B	趙　治勲
1985	**A**	**小林光一**
1986	**A**	**加藤正夫**
1987	**A**	**加藤正夫**
1988	**A**	**小林光一**
1989	**A**	**小林光一**
1990	**A**	**小林光一**
1991	**A**	**小林光一**
1992	**A**	**小林光一**
1993	**A**	**小林光一**
1994	**A**	**小林光一**
1995	**A**	**武宮正樹**
1996	B	趙　治勲
1997	B	趙　治勲
1998	B	趙　治勲
1999	B	趙　治勲
2000	O	依田紀基
2001	O	依田紀基
2002	O	依田紀基
2003	O	依田紀基
2004	O	張　栩
2005	O	張　栩
2006	?	高尾紳路
2007	O	張　栩
2008	O	張　栩
2009	**A**	**井山裕太**
2010	**A**	**井山裕太**
2011	**A**	**山下敬吾**
2012	**A**	**山下敬吾**
2013	**A**	**井山裕太**
2014	**A**	**井山裕太**
2015	**A**	**井山裕太**
2016	?	高尾紳路
2017	**A**	**井山裕太**
2018	O	張　栩
2019	AB	芝野虎丸
2020	**A**	**井山裕太**
2021	**A**	**井山裕太**
2022	AB	芝野虎丸

女流囲碁名人戦の優勝者

年度	血液型	優勝者
1989	?	宮崎志摩子
1990	?	青木喜久代
1991	?	杉内寿子
1992	?	杉内寿子
1993	?	杉内寿子
1994	?	杉内寿子
1995	?	加藤朋子
1996	?	西田栄美
1997	?	西田栄美
1998	?	西田栄美
1999	?	青木喜久代
2000	?	青木喜久代
2001	A	小林泉美
2002	?	青木喜久代
2003	A	小林泉美
2004	A	小林泉美
2005	?	小山栄美
2006	?	青木喜久代
2007	?	加藤啓子
2008	?	謝　依旻
2009	?	謝　依旻
2010	?	謝　依旻
2011	?	謝　依旻
2012	?	謝　依旻
2013	?	謝　依旻
2014	?	謝　依旻
2015	?	謝　依旻
2016	?	謝　依旻
2017	O	藤沢里菜
2018	O	藤沢里菜
2019	O	藤沢里菜
2021	O	藤沢里菜
2022	O	藤沢里菜
2023	B	上野愛咲美

囲碁名人戦は、今も昔も**A型（太字）**が強い。

勲B、小林光一A、加藤正夫A、武宮正樹A、依田紀基O、張栩O、井山裕太A、山下敬吾A、芝野虎丸AB

→A型7人、O型3人、AB型3人、B型2人

やはり、将棋と共通していて、A型の人数が多いようです。残念なことに、女流名人は血液型不明者が多く、傾向はつかめませんでした。注目の仲邑菫女流棋聖も不明です(前頁)。

○歴代女流名人（血液型判明者の獲得年順）

小林泉美A、藤沢里奈O、上野愛咲美B

本屋大賞と漫画家に多いエンタメのA型

文学の世界には、さまざまなジャンルが存在します。エンタメ系の作品からミステリー、そしてSFまで、それぞれの作家が独自の雰囲気を持っていますが、興味深いことに、作家の血液型と得意分野には何らかの関連があるようです。

例えば、エンタメ系の文学を探ると、A型の作家が非常に多いことが明らかになります。実際、本屋大賞において血液型が分かっている作家を見ると、A型が7人、B型が5人、O型が1人と、特にA型とB型が目立っています。さらに興味深いのは、一般に

本屋大賞の作品

2023 年『汝、星のごとく』凪良ゆう A

2022 年『同志少女よ、敵を撃て』逢坂冬馬 ？

2021 年『52 ヘルツのクジラたち』町田そのこ B

2020 年『流浪の月』凪良ゆう A

2019 年『そして、バトンは渡された』瀬尾まいこ ？

2018 年『かがみの孤城』辻村深月 B

2017 年『蜜蜂と遠雷』恩田陸 A

2016 年『羊と鋼の森』宮下奈都 ？

2015 年『鹿の王』上橋菜穂子 ？

2014 年『村上海賊の娘』和田竜 ？

2013 年『海賊とよばれた男』百田尚樹 A

2012 年『舟を編む』三浦しをん A

2011 年『謎解きはディナーのあとで』東川篤哉 ？

2010 年『天地明察』冲方丁 O

2009 年『告白』湊かなえ A

2008 年『ゴールデンスランバー』伊坂幸太郎 B

2007 年『一瞬の風になれ』佐藤多佳子 B

2006 年『東京タワー オカンとボクと、時々、オトン』リリー・フランキー B

2005 年『夜のピクニック』恩田陸 A

2004 年『博士の愛した数式』小川洋子 ？

推理小説はO型が多いのですが、エンタメ色が強い作風のミステリーでは、A型の作家が多く見受けられることです。

　A型が多いのは漫画家にも共通します。次頁の表は、歴代発行部数が第30位までの漫画単行本のデータを数え上げたものです。その中で、血液型が判明している作家（原作者）は、A型が13人、O型が7人、B型が6人、そしてAB型が1人。ご覧のとおり、A型が圧倒的に多いのです。

　面白いのは、出版部数を基準にした場合、このA型作家の優勢はさらに強まるという点です。

○漫画の出版部数血液型別ランキング（かっこ内は日本人平均）

1位	A	20億8950万部	54・2％（38・1％）
2位	O型	8億6000万部	22・3％（30・7％）
3位	B型	8億5000万部	20・9％（21・8％）
4位	AB型	1億部	2・6％（9・4％）

漫画の出版部数ランキング　2024年1月

順位	血液型	作者(原作者)・作品	出版部数	巻数
1	A	尾田栄一郎 ONE PIECE	5億　　　部	107
2	A	さいとう・たかを ゴルゴ13	3億　　　部	211
3	B	青山剛昌 名探偵コナン	2億7,000万部	104
4	A	鳥山明 ドラゴンボール	2億6,000万部	42
5	O	岸本斉史 NARUTO	2億5,000万部	72
6	B	井上雄彦 SLAM DUNK	1億7,000万部	31
7	A	秋本治 こちら葛飾区亀有公園前派出所	1億5,650万部	201
8	?	吾峠呼世晴 鬼滅の刃	1億5,000万部	23
9	A	諫山創 進撃の巨人	1億4,000万部	34
10	A	雁屋哲 美味しんぼ	1億3,500万部	111
11	O	久保帯人 BLEACH	1億3,000万部	74
12	B	荒木飛呂彦 ジョジョの奇妙な冒険	1億2,000万部	134
13	O	藤子・F・不二雄 ドラえもん	1億　　　部	45
13	A	手塚治虫 鉄腕アトム	1億　　　部	21
13	AB	あだち充 タッチ	1億　　　部	26
13	O	金成陽三郎 金田一少年の事件簿	1億　　　部	34
13	O	武論尊 北斗の拳	1億　　　部	15
13	O	森川ジョージ はじめの一歩	1億　　　部	139
13	A	原泰久 キングダム	1億　　　部	70
20	A	高橋洋一 キャプテン翼	9,000万部	37
20	?	芥見下々 呪術廻戦	9,000万部	25
21	B	長谷川町子 サザエさん	8,600万部	68
22	?	板垣恵介 BAKI	8,500万部	18
22	?	堀越耕平 僕のヒーローアカデミア	8,500万部	38
24	A	冨樫義博 HUNTER×HUNTER	8,400万部	37
25	B	井上雄彦 バガボンド	8,200万部	37
26	O	横山光輝 三国志	8,000万部	60
26	A	荒川弘 鋼の錬金術師	8,000万部	27
29	B	ゆでたまご キン肉マン	7,700万部	83
30	A	真島ヒロ FAIRLY TAIL	7,200万部	63
30	A	和月伸宏 るろうに剣心	7,200万部	28

出所　漫画全巻ドットコム＞歴代発行部数ランキング

本屋大賞のこともあり、やはりエンターテイナーとしては、サービス精神に富むA型が一番強いようですね。

【まとめ】

・将棋と囲碁は、時代によって強い血液型が変わるが、現在はA型が大本命
・本屋大賞の受賞者と漫画家は、サービス精神にあふれ、エンターテインメント性に優れるA型が強い

【コラム】ゴルゴ13の血液型

ゴルゴ13の生みの親、さいとう・たかを氏はA型です。彼は血液型に非常に詳しく、『さいとう・たかをのゴルゴ流血液型人物観察術』という本まで執筆しています。52年11か月の長期連載には、相当な人間観察能力が必要となり、血液型をうまく活用していたとのことです。ちなみに、主人公のゴルゴ13＝デューク東郷もA型です。そこで、彼の性格をチャットＧＰＴに質問してみました。

①無表情で冷静　ゴルゴ13は感情をほとんど見せないキャラクターで、彼の表情は大抵無表情か、少し厳しい表情をしています。どんな危機的状況でも冷静で、動じることがほとんどありません。

②プロフェッショナル　ゴルゴ13はスナイパーとしての技術や知識が非常に高い。彼の仕事への取り組み方は非常にプロフェッショナルで、依頼された仕事を完璧に遂行することを最優先としています。

③口数が少ない　彼は言葉をあまり話さず、アクションで意思を示すことが多い。
④秘密主義　ゴルゴ13の過去や背景、感情などはほとんど明かされていません。彼に関する多くの情報は謎に包まれています。
⑤冷酷　彼は任務を完遂するためなら、人を冷酷に殺すことも厭《いと》わない。しかし、依頼以外で無駄に人を傷つけることはしない。
⑥高い適応能力　さまざまな状況や環境に適応し、それを利用して目的を達成する能力があります。
⑦ルールを守る　依頼を受けたらその任務を完遂するという原則を守り、契約を絶対に破ることはありません。

極めて自己抑制の利いたプロフェッショナルということですから、確かにこの設定はA型に相応《ふさわ》しいと思います。ちなみに、サザエさん（B型）や、ちびまる子ちゃん（A型）も、作者と主人公の血液型が一致するという、ゴルゴ13と同じパターンです。

第三章　愛情と恋愛

中国人カップル100万組の相性

　2022年に、だれもがあっと驚くニュースが入ってきました。中国人の研究グループが、のべ100万組以上のカップルの血液型を調べ上げ、**同じ血液型同士は結婚しやすい**という結論を導き出したのです！[★1]（口絵4頁と次頁）

　この研究グループは、中国でも屈指の難関とされる清華大学のメンバーが中心となっており、研究結果は極めて真面目なもので、信頼性も高いと言っていいでしょう。さらに驚いたのは、この論文は権威ある**全米科学アカデミーの紀要に論文として掲載された**ことです。アメリカですから、もちろん文章は中国語ではなく英語です。

　ここでは複雑な計算は省略し、結果だけ書いておきます。ランダムな確率に比べると、A型同士なら5・2％、B型同士なら6・1％、O型同士なら12・2％、そしてAB型

日本のカップル　2509組

		妻の血液型			
		A	B	O	AB
夫の血液型	A	+2.2%	+1.1%	-2.4%	-3.8%
	B	💔💔 -11.4%	♥ +7.9%	+4.6%	♥♥ +10.5%
	O	+4.8%	💔 -6.5%	-1.0%	-0.3%
	AB	+3.2%	-2.7%	+1.2%	💔 -8.4%

中国のカップル 91万組

		妻の血液型			
		A	B	O	AB
夫の血液型	A	♥ +5.2%	+0.1%	-4.9%	+0.1%
	B	+2.2%	♥ +6.1%	💔 -7.4%	+0.9%
	O	💔 -5.8%	💔 -6.4%	♥♥ +12.2%	💔 -5.5%
	AB	-1.8%	♥ +5.7%	💔 -8.1%	♥♥♥ +18.1%

数値は平均との比較を示す。

♥ ＝ ＋5％

💔 ＝ －5％

出所　ABO MATE (1980)★2

Yao Hou et al. (2022)★1

同士ではなんと18・1%も多いというのです。以下は、その要約です。

＊　＊　＊

○中国の妊娠前検診データの全サンプルを用い、各配偶者ペアの血液型に関する情報を入手
○対象となったのは、中国本土の31省行政区すべてにおいて、妊娠前検査後6か月以内に追跡調査を受け妊娠した113万7010組の夫婦
○夫婦の血液型などの情報が不完全なものは削除
○最終的に、完全な情報を持つ93万1964組のカップルのデータが使用された
○解析結果は、同じ血液型の配偶者ペアが結婚する可能性が高いことを示している

＊　＊　＊

前著『デジタル時代の「血液型と性格」』では、この研究とは正反対に、同じ血液型同士は恋愛しにくいから、結婚しにくいだろうと書きました。そこで、あわてて、血液型同士の組み合わせを調べてみたのですが、中国とは大幅に違った結果になりました。[★2]
中国と同じ傾向が現れたのは2つのペアで、A型同士なら2・2%、B型同士なら7・9%結婚しやすいようです。しかし、なぜか残りのペアは正反対で、O型同士なら

マイナス1・0％、そしてAB型同士ではなんとマイナス8・4％も結婚しにくいという結果になりました。ただ、この日本の調査は2509組の読者が対象なので、中国のように厳密ではなく、あくまで参考値ということになります（口絵4頁と79頁）。

面白かったのはAとBのカップルで、夫B妻Aの組み合わせではマイナス11・4％と大幅減ですが、夫A妻Bでは1・1％増と平均とあまり変わりません。どうも、後述の日米韓の国際比較と同じで、血液型による相性は、国民性や時代によっても大きく変わるらしく、一般的な結論は難しいものと思われます。

確実に言えるのは、熱い恋愛が必ずしも結婚に結び付かないことでしょうか。普通の恋愛では、自分と違う性格に憧れるのは間違いないでしょう。ただ、結婚するとなると、現実路線に変わる人もいるので、残念ですが、このデータだけではなんとも言えないようです。いずれにしても、興味深い内容であることは確かですね。

なお、2023年には、イギリスの7万9千人のカップルなどを中心に調査した研究でも、同じ傾向同士のカップルが多いという結果が得られています。★3

恋人と続く期間

		恋人の血液型		
		A	B	O
自分の血液型	A	💔💔 -13.3%	💔 -5.4%	♥ +8.3%
	B	♥♥♥ +17.5%	💔💔💔 -18.5%	♥♥♥ +17.5%
	O	♥♥♥♥♥♥ +32.6%	💔 -6.5%	💔💔💔💔💔 -26.7%

同じ血液型はもたない

さきほど、**同じ血液型間の恋愛が少ない**という現象を取り上げましたが、さらに深掘りしてみると、その背後には一体何があるのでしょうか？

15年ほど前、２００７年に文教大学の学生を対象に行われた調査から、いくつかの示唆を得ることができます[★4][★5]。この調査では、情報学部学生から募ったボランティア１４０人を対象に、カップルの血液型とその交際期間を尋ねるアンケートを実施。そこから得られたデータをもとに、恋人と続く期間の傾向を探りました。

ここでは、「最長」と回答した割合と「最短」と回答した割合の差を「最長―最短」として算出し、その値を「恋人と続く期間」として表にまとめました。つまり、この数値が大きいほど関係が長続きし、小さいと短命であることを意味します。

能見氏が指摘するように、同じ血液型のカップルは総じて数値がマイナスで、その他の組み合わせよりも関係が短いことが示されました（ＡＢ型は数が少ないため除く）。特に、Ｏ型同士のカップルではその傾向が顕著で、相手に見切りを付けた場合の決断力の早さも感じられます。

しかし、ここで一つの注釈が必要です。前著『デジタル時代の「血液型と性格」』での分析では、いくつかの誤解が生じていました。たとえば、異なる血液型間での恋愛が多ければ、結婚も同様の傾向があると考えがちですが、実際にはそのような繋がりは弱いことがわかりました。この事実を再確認するため、現実のカップルデータを基に分析してみた結果、異なる血液型の組み合わせでも、同じ血液型の夫婦が少ないわけではないことも明らかとなりました（口絵４頁）。

このように、熱い恋愛をしても、必ずしも結婚につながるわけではないようです。そこで、この１１３万組のカップルを調査した中国の研究にシャッポを脱ぎ、前著の分析は訂正させていただければと思います。

【まとめ】

・同じ血液型は恋愛関係になりにくく、なっても短期間なことが多い
・一般的には、違う血液型の異性に惹かれやすい
・ただし、それが必ずしも結婚に直接結びつくとは限らない

★1　Yao Hou et al., Assortative mating on blood type: Evidence from one million Chinese pregnancies, PNAS, 2022.
★2　ＡＢＯ　ＭＡＴＥ　１９８０年９・10月号［元データは月刊『主婦と生活』１９８０年10月号］
★3　Tanya B. Horwitz et al., Evidence of correlations between human partners based on systematic reviews and meta-analyses of 22 traits and UK Biobank analysis of 133 traits, Nature Human Behaviour, 2023.
★4　「性格と恋愛にみる血液型効果　２００８年２月　文教大学情報学部　社会調査ゼミナール研究報告」情報学部広報学科３年　松崎宏美［サンプル　文教大学情報学部学生１４０人　２００７年10月末現在］

★5　元の報告書にある表では、数値は、「最長」という回答が多いほど関係が長く、「最短」という回答が多いほど関係が短いことを表している。このままの生の形ではわかりにくいので、結果を単純化して直感的に理解できるようにするため、新たに「最長」と答えた数値から「最短」と答えた数値をマイナスした「最長―最短」という数値を算出した。この数値同士を比較すれば、関係が長いか短いかが一発でわかることになる。

【コラム】織女と牽牛のモダン・ラブ

日本の古くから伝わる七夕の伝説。恋人同士、織女と牽牛が年に一度だけ会えるこの日。でも、織女の血液型によって、2人の再会は一体どうなるのでしょうか。

《シーン1》ミステリアスA型織女

牽牛「織女、一年間待ってたよ……」

織女「そんな甘いセリフで騙されないわよ。もしかして、他の女と……?!」

《シーン2》マルチタスクB型織女

牽牛「織女！　どこだ？　待ってるよ……」

△△「あ、牽牛さん？　織女さん、今年はスポーツクラブのイベントが入ってて……。
忙しい現代、恋人と会うのも大変ですよね。」

《シーン3》リアルO型織女

牽牛「織女！　ようやくまた会えたね！」

織女「ちょっと、まずは預金通帳を見せて！　え、この残高は一体……？　マイホームの夢、どうすればいいのよ！」

《シーン4》ミスティックAB型織女

牽牛「織女、やっと会えた！」

織女「……」

牽牛「何かあったのか？」

織女「いつも睡眠不足だから、夜は寝る時間にしたいの。来年、昼間のデート、どうかな？」

この世の中、織女も時代と共に進化してる？　織女の血液型によって変わる恋の行方、みなさんはどのシーンが一番リアルに感じますか？

第四章　政治家

アメリカ大統領に多いAB型

日本のシンボルとも言える東京都知事は、投票者の心を摑《つか》むカリスマが求められるポジションです。その意味において、AB型の存在感は意外と大きいのかもしれません。なぜなら、過去の都知事で血液型が明らかな7人の中、キャラクターは異なるものの、青島幸男、石原慎太郎、そして猪瀬直樹の3氏がAB型だったのです。

興味深いことに、このAB型リーダーが多いという傾向は、アメリカの大統領にも見られます（口絵5頁）。アメリカ人の中でAB型が占める割合は約4%、日本の半分以下です（コラム参照）。それにもかかわらず、歴代のアメリカ大統領の中でAB型が顕著に見られるということは、一考に値する事実ではないでしょうか。残念なことに、現職のバイデン氏の血液型については、公にはされていないようです。

初　代　B型　ジョージ・ワシントン
第16代　A型　エイブラハム・リンカン（共和党）
第34代　O型　ドワイト・D・アイゼンハワー（共和党）
第35代　AB型　ジョン・F・ケネディ（民主党）
第36代　A型　リンドン・ジョンソン（民主党）
第37代　A型　リチャード・ニクソン（共和党）
第38代　O型　ジェラルド・R・フォード（共和党）
第39代　A型　ジミー・カーター（民主党）
第40代　O型　ロナルド・レーガン（共和党）
第41代　O型　ジョージ・H・W・ブッシュ（父）（共和党）
第42代　AB型　ビル・クリントン（民主党）
第43代　O型　ジョージ・W・ブッシュ（子）（共和党）
第44代　AB型　バラク・オバマ（民主党）
第45代　A型　ドナルド・トランプ（共和党）

歴代のアメリカ大統領を振り返ってみると、彼らの血液型に興味深いトレンドが見えてきます。

まず、O型の大統領たち。アイゼンハワー、フォード、レーガン、そしてブッシュ父子、合わせて５人。このうち、アイゼンハワーは第２次世界大戦で名を馳せた軍人です。フォードは副大統領から昇格し、ブッシュ（子）はブッシュ（父）の息子です。よって、本当に選挙を通じて大統領に選ばれたのは、レーガンとブッシュ（父）の実質２人だけ。

続いて、A型の大統領。リンカン、ジョンソン、ニクソン、カーター、そして前任のトランプ、この５人。こちらはケネディ大統領の暗殺を受けてジョンソンが昇格した事例を除けば、４人が選挙での勝利となります。

一方、B型の大統領は初代のワシントンのみ。対して、AB型ではケネディ、クリントン、オバマ氏の３人が、皆、選挙初挑戦で勝利しています。

さらに条件を揃《そろ》えるため、1960年以降のテレビ選挙で勝利した候補者に限定すると、A型とAB型が３人ずつ、O型が２人となります。

アメリカ人の血液型分布を考えると、O型が45％、A型が40％、B型が11％、そしてAB型はわずか４％（コラム参照）。この数値から、AB型の大統領が突出して多いことは明らかです。統計的に見ても、ＡＢ型が極端に少ないアメリカで、８人中３人がＡＢ型というのは、実に０・36％と驚くべき確率となります。

この現象は単なる偶然だと言って片付けられないでしょう。アメリカの大統領選挙は、ある意味、カリスマを持った人物が求められる人気投票であり、ＡＢ型の候補者が特に支持を受けやすいことが示唆されます。

最近、複数の知人から**「共和党にはＡＢ型がいない」「民主党にはＯ型がいない」**と言われて仰天しました（口絵５頁）。言われてみれば、確かにそのとおりです。実利的なＯ型はリベラルな民主党と相性が悪く、理念や理想を重視するＡＢ型は、実務的な共和党には向いていないということなのでしょう。

これらの考察を通じて、血液型とリーダーシップ、そして選挙結果との関係に新たな視点を持つことができるかもしれませんね。

次は、そんなＡＢ型の特徴です。

ＡＢ型の特徴とは

○一般に社会に参加しようとする意欲が強く、奉仕の気持が多い。

○人間関係に一定の距離を保つクールさ。ごく一部には、ひどく人間ぎらいな人もある。

○一般に対人応接、対人交渉にソツなく、人と人との斡旋《あっせん》など、人事的動きに長ずる。

○頼まれたらイヤと言えない親切さ。

○A面とB面の二面性の傾向。A面は感情が安定し冷静、B面は気儘《きまま》で感情も動揺し易い。

○考え方は合理的、ときにドライなほど。単なる慣習的なこと、ベタベタした人情は嫌う。

○多角的に考えることが得意。分析力あり。

○批評批判がシャープ。イヤミも名人級。

○計画性、デザイン力、準備能力は高いが、あっさりしすぎ、やや根気執念に欠ける。

○仕事や社会での役割、分担範囲を重視し、それを侵害されることを激しくきらう。

○偽善を憎む正義感は強い。外面の表現とは別に、シンはきまじめ。

○権力意識は、意外に大きくない。

○大きなことの決断に慎重すぎるくらい。

○趣味はメルヘンチックか空想的なものを好み、ドラマ的な感傷に浸ることがある。
○人工的な環境に、むしろ安らぎを覚えるほう。
○睡眠不足には、極端なほど弱い。

（能見正比古『血液型愛情学』より）

維新はB型政党なのか

首相や政治家にO型が多い、と聞いたことがある人がいるかもしれません。しかし、時代が変われば、政治家に求められる資質も変わってきます。次頁のグラフを見てください。最近の国会議員（衆議院）は、かつてほど血液型による差は見られません。

面白いのは日本維新の数値です。最近の議員は公募が多いので、全体を見ると日本人平均とあまり変わりません。しかし、選挙区当選4回以上のコアメンバーに限ると、様子が全然違ってきます。B型4人、O型が2人、A型が1人で、なんとB型が過半数なのです。[★1]引退したものの、創設者である橋下徹氏がB型なのも大きく影響しているに違いありません。

維新の特徴は、イデオロギーにとらわれない、大阪らしく実利的、アイデアマンが多

衆議院 政党別血液型分布

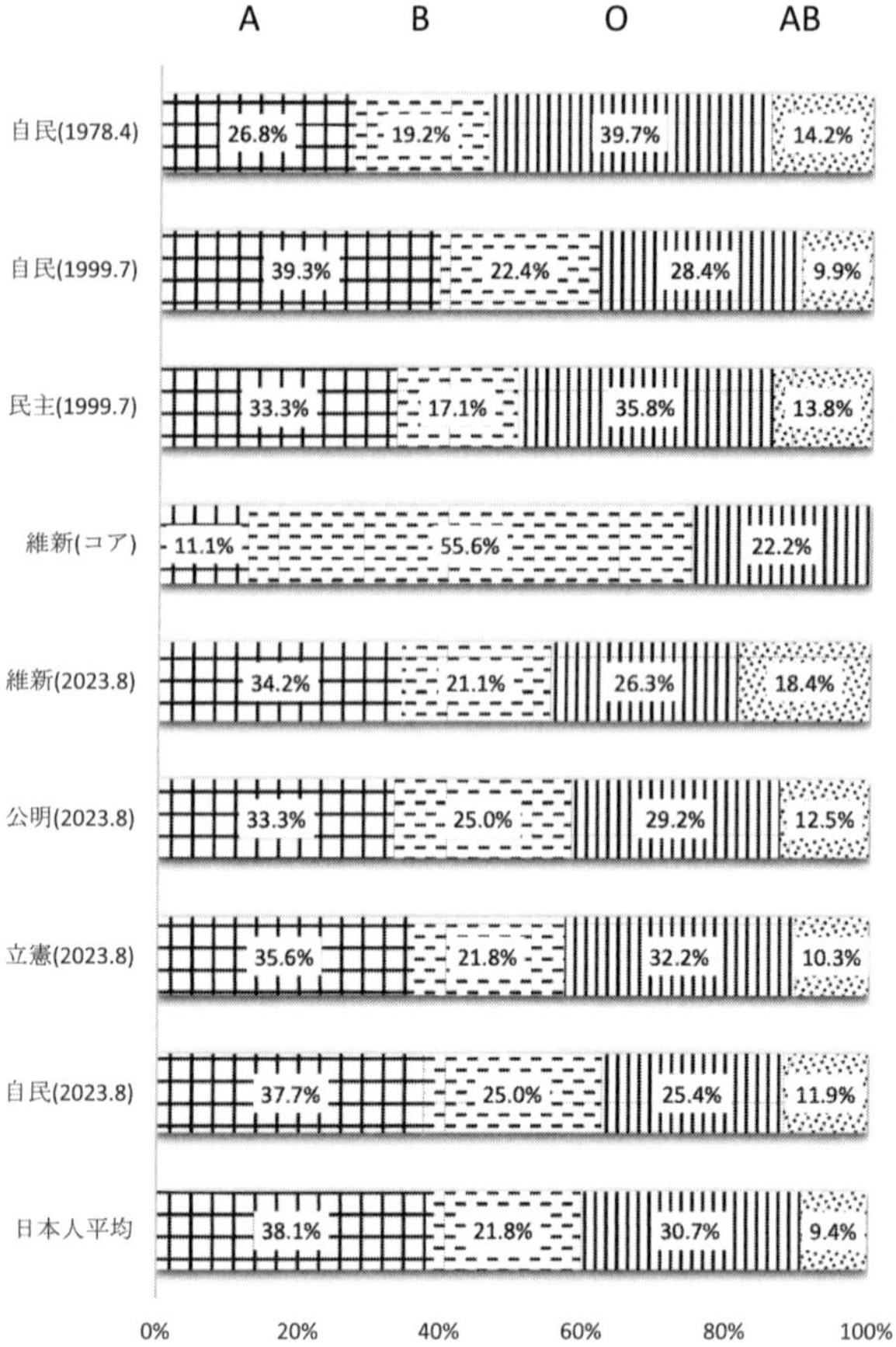

維新のコアメンバーはＢ型が過半数で突出。

い、イケイケどんどん……。その一方、アイデア倒れで詰めが甘い、外交や安全保障が弱いと言われます。たとえば、大阪都構想はいいと思うのですが、結局実現できなかったのは、詰めが甘いとしかいいようがありません。

話が相当古くて恐縮ですが、B型の田中角栄首相の『日本列島改造論』や、同じくB型の小沢一郎氏の『日本改造計画』を思い出します。これらの政策も、アイデア自体はよかったと思うのですが、どちらも在任中には実現できませんでした。これとは対照的に、昔の自民党や政権交代を目指した旧・民主党にはO型が多く、政権党へまっしぐらという感じです。

このように、血液型の分布は政党の特性にも大きく影響を与えると考えられます。たとえば、昔の自民党や民主党のように、O型の議員が多い場合、派閥活動や権力争いが激化する傾向がある一方、旧・社会党のようにAB型の議員が多いと、イデオロギーや評論家的な立場から内部論争が盛んになるケースが見られます。

【まとめ】

・都知事とアメリカ大統領では特にAB型が強い
・維新の血液型は日本人平均と変わらないが、コアとなるメンバーにはB型が多い
・衆議院議員は、昔はO型が多かったが、現在はあまり特徴は見られない

★1　B型は、足立康史、井上英孝、伊東信久、市村浩一郎氏の4人。O型は遠藤敬、馬場伸幸氏の2人。A型は浦野靖人氏の1人。

【コラム】アメリカと中国の血液型

次頁に示すように、アメリカ人（白人）の血液型は、多い順からO型45％、A型40％、B型11％、ＡＢ型４％となっています。また、人種間の違いも大きく、

黒人　　　　O型51％、A型26％、B型19％、ＡＢ型４％
ヒスパニック　O型57％、A型31％、B型10％、ＡＢ型２％
アジア系　　O型40％、A型28％、B型25％、ＡＢ型７％

となります。

中国の血液型分布は地域によって大きく異なります。99頁に示すように、

A型が多い長江流域
B型が多い北部と西部
O型が多い南部
ＡＢ型が多い北京周辺と西部

となっています。また、少数民族間でも違いがあります。

Distribution of ABO and RhD phenotypes by race and ethnicity in the United States

ABO and RhD type	White, non-Hispanic Americans 白人	Black, non-Hispanic Americans 黒人	Hispanic Americans ヒスパニック	Asian Americans アジア系
O	**45%**	**51%**	**57%**	**40%**
O Rh-positive	▪ 37%	▪ 47%	▪ 53%	▪ 39%
O Rh-negative	▪ 8%	▪ 4%	▪ 4%	▪ 1%
A	**40%**	**26%**	**31%**	**28%**
A Rh-positive	▪ 33%	▪ 24%	▪ 29%	▪ 27%
A Rh-negative	▪ 7%	▪ 2%	▪ 2%	▪ 0.5%
B	**11%**	**19%**	**10%**	**25%**
B Rh-positive	▪ 9%	▪ 18%	▪ 9%	▪ 25%
B Rh-negative	▪ 2%	▪ 1%	▪ 1%	▪ 0.4%
AB	**4%**	**4%**	**2%**	**7%**
AB Rh-positive	▪ 3%	▪ 4%	▪ 2%	▪ 7%
AB Rh-negative	▪ 1%	▪ 0.3%	▪ 0.2%	▪ 0.1%

These percentages only apply to people in the United States and are approximate. Numbers may not add up to 100% due to rounding. Refer to UpToDate for further information about RBC antigens and antibodies.

RBC: red blood cell.

Data from: Garratty G, Glynn SA, McEntire R, Retrovirus Epidemiology Donor Study. ABO and Rh(D) phenotype frequencies of different racial/ethnic groups in the United States. Transfusion 2004; 44:703.

Graphic 106852 Version 3.0

アメリカでは、人種によって血液型分布が大きく違う。

出所 ABO and RhD epidemiology - UpToDate (2023)

【コラム】アメリカと中国の血液型

Y. Sun et al.

Heliyon 8 (2022) e10566

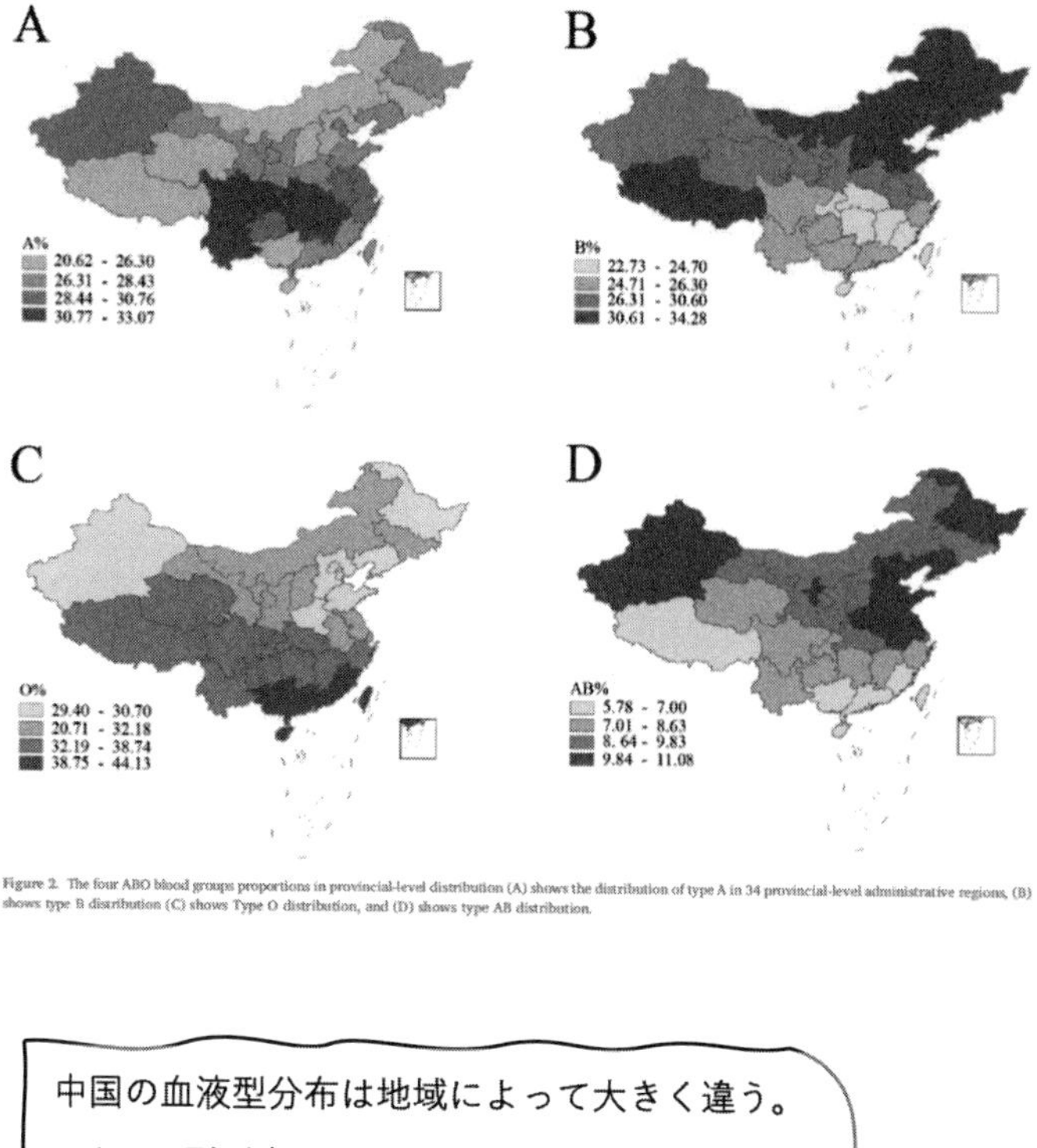

Figure 2. The four ABO blood groups proportions in provincial-level distribution (A) shows the distribution of type A in 34 provincial-level administrative regions, (B) shows type B distribution (C) shows Type O distribution, and (D) shows type AB distribution.

中国の血液型分布は地域によって大きく違う。

A　A型が多い長江流域

B　B型が多い北部と西部

C　O型が多い南部

D　AB型が多い北京周辺と西部

出所 Yang Sun et al. (2022)

第五章　歴史上の人物

織田信長はA型か

織田信長の血液型は、残念ながらまだ明らかになっていないようです。一時は、血痕や遺髪からA型と判定されたという情報も見かけたのですが……。実は、**本能寺の大寶殿の展示でA型とあった**という噂を聞いたので、確認するために京都に出かけてみました。が、残念なことに、血液型の情報は発見できず、係の方に聞いてもわかりませんという返事でした。やはり、信長の血液型は謎のままなのでしょうか。しかし、能見正比古氏は次のようにA型と言っているし、私もA型説が正しいと信じています。

＊　＊　＊

織田信長については、まだ血液型を調べる試みがなされてなく、推理するほかはないし、世上に伝えられるイメージからは、私はためらいもなく、A型と見る。

A型の一般社会人は、世間や周囲に合わせて自分を抑制するタイプが多いが、その内面は、実は、最も激しい。ときには爆発的ともいいたい気性を潜める。育つ環境によっては、自己抑制の必要に迫られず、その烈しさをむき出すA型も少数ながらいるものである。

（中略）

信長が［B型の伊達］政宗と異質なのは、人を信じきれず、心を傷つけられると、回復しにくい点で、これもA型の一つの特色だ。信長の光秀に対する執拗ないびりも、その例だが、昔、そむかれ、一旦は許した譜代の重臣佐久間信盛を、三十余年後、罪を問い直し、追放するなどは、A型としても極端さに驚く。B型の政宗となると、自分を毒殺しようとした母親を、三年後には再び招いて、同じ館に共に住んでいるのである。

（能見正比古　ＡＢＯ　ＭＡＴＥ　１９８２年５月号）

＊　　＊　　＊

信長は、若い頃から残虐性を持っていたわけではないと言われます。

童門冬二氏の『徳川家康の人間関係学』には、実に意外なエピソードが記されています。それによると、織田信長の下での治世は、その平和さと安全性で知られていたそうです。強盗や凶行がほとんど報告されなかったその時代、夏の夜も安心して窓や戸を開放し、心地よい風を受けながらの夜を過ごすことが日常でした。旅人が疲れ果てて道端の木の下で一休みする姿も珍しくありませんでしたが、その隣で放置された荷物を盗む者は皆無だったと言います。

このようなエピソードからは、その裏に隠れた信長の温かさや優しさを感じ取ることができます。青年時代にはその独特な性格から「うつけ」とも称され、これに対して心を痛めた傅役《もりやく》・平手政秀《まさひで》は諫死《かんし》を選びました。その後、信長は深く悲しみ、しばしば空を見上げて「政秀、元気か?」と呼びかける姿が目撃されています。

しかし、そんな彼の大きな転機として挙げられるのは、朝倉攻めときの浅井長政の「裏切り」のようです。信長の実妹である市《いち》の方が浅井家に嫁いでいたため、信長は浅井長政を絶対的に信用していました。しかし、まったく当てが外れ、朝倉攻めの途中で浅井長政は信長を見限ったのです。

裏切りによる怒りは、どの血液型の人も同じように感じることでしょう。しかし、それがトラウマとして残るのには、血液型による違いがあるかもしれません。特に、B型の人はそうした心の傷がトラウマとして残りにくいと言われています。

あにはからんや、この後、信長は以前よりも過激な行動を見せるようになりました。一方、Ｂ型作家の井沢元彦氏は、このようなトラウマがどのように影響しているのか、あまり気にしていないようです。

＊　　＊　　＊

ドクロ杯事件とは次のようなものである。

長政の離反から三年後の一五七三年（天正元）八月、この間様々な苦戦（後ほど詳しく述べる）を強いられた信長はようやく朝倉氏・朝井氏を共に滅ぼした。そして、翌一五七四年（天正二）正月元旦、岐阜城における新年祝賀会に、浅井長政そして父の久政、そして朝倉義景の「薄濃《はくだみ》」が「酒肴《しゅこう》」として出されたのである。

薄濃とは、ドクロをウルシ塗りにして金粉をまぶしたもの、つまりこれがドクロ杯というわけだ……

（中略）

だから、信長の残虐性の象徴ともされるドクロ杯事件も、「残虐性というより、むしろ信長の執着の強さや収集癖からくる行為」（前掲書）とみるべきではないか。いずれにせよ、この問題は歴史学ではなく心理学の面からも分析されるべきだろう。

（井沢元彦『逆説の日本史』第10巻）

これは、信長がA型とすれば簡単に説明が付きます。A型は、信じ切っていたものに裏切られると、後々までトラウマになって残るからです。心の底のトラウマを解消するには、そうすることが最も有効だったということになります。

＊　＊　＊

伊達政宗のB型的行動

伊達政宗の血液型は、墓所の瑞鳳殿《ずいほう》のサイト（口絵6頁）にあるとおり、**遺骸の発掘調査を通じてB型であることが確定されました。**彼の奇抜な戦いや行動は、A型であったとされる織田信長との対比において、特に際立つものとなっています。

「独眼竜」という異名を持つ政宗ですが、その背景には、彼が幼少時に天然痘の後遺症で右目を失明したという悲劇があります。それが原因で、彼は実母保春院に疎んじられ、代わりに弟の小次郎が寵愛を受けるようになりました。通常、子供の頃にそうした大きな出来事を経験すると、そのトラウマは成人後の行動や性格にも影響を及ぼすものとされます。加えて、実母からの疎外感があったとしたら、その影響は計り知れません。現存する肖像画においても、政宗の片目ははっきりと描かれていることから、彼がその事実を意識していたことは間違いありません。

とはいえ、なぜか政宗に関する話の中で、右目の失明が大きなトラウマとして語られることは稀です。これは、B型特有の「過去は闇《やみ》」（能見正比古氏による）という考え方が影響しているのかもしれません。例えば、毒殺を試みた実母を許し、後には共に住むという決断を下した政宗の行動は、A型とされる信長からは、まったく考えられないものでしょう。

B型は多趣味とも言われますが、政宗もその例外ではありませんでした。特に料理に対する彼の情熱は深く、戦国武将としての立場から、兵糧の研究として料理に取り組んでいたと伝えられています。仙台の名物であるずんだ餅や笹かまぼこを考案したとの説もありますし、「馳走とは旬の品をさり気なく出し、主人自ら調理してもてなすこと」という言葉が残されていることからも、その熱意が窺《うかが》えます。B型が「何かの趣味や手仕事などに打ちこむ」という回答が多いという能見正比古氏の調査結果も、この事実を裏付けるものとなっています。

伊達政宗のエピソードには、B型らしい不用心さが色濃く反映されています。この性格が彼の魅力を際立たせているのです。中でも、小田原攻めへの遅参エピソードは特に有名です。

日本統一を目指していた豊臣秀吉は、各地の私闘を禁じる命令を出していました。しかし、政宗はその命令をたびたび無視し、東北地方での領土拡大に熱中していました。小田原攻めが始まった際、政宗はついに秀吉の下に服属する決断を下します。これはB型らしい行動であり、他の血液型の人ならば、秀吉の怒りを買う前に戦をやめていたでしょう。しかし、政宗はうまくトラブルを凌《しの》いだため、伊達家は明治時代まで存続することができました。B型はトラブルを起こしやすい一方、その対応能力は非常に高いのです。

政宗が行った対応とは、全軍に死を意味する白装束を着せ、そのまま町を練り歩くことで、秀吉に対する忠誠を大々的にアピールするものでした。秀吉は政宗の真意を疑っていましたが、この行動を通じて自身の権力を強調することとなり、笑って政宗を許すこととなります。

徳川時代のエピソードも興味深いものがあります。政宗はあまり酒を飲めない人でしたが、ある日、将軍徳川秀忠との約束を二日酔いで忘れてしまいました。しかし、彼は病気を理由にしてその場をうまく切り抜けました。B型の特性として、他人に縛られることを嫌う反面、自分自身のルーティンを作ることが好きであるため、毎日規則正しく3回喫煙していたとか、朝早く起きても定時に従者が起こしに行くまでは起床しないといったエピソードも残されています。

政宗が残した遺訓「仁に過ぐれば弱くなる。義に過ぐれば固くなる。礼に過ぐれば諂《へつら》いとなる。智に過ぐれば嘘を吐く。信に過ぐれば損をする。」は、彼の中庸を重んじる、B型的な生き様を如実に示しています。最後まで極端を嫌ったB型的な生き方と言うべきかもしれません。

豊臣秀吉のO型的人事管理

一昔前の東大チームの調査では、興味深い事実が明らかにされました。**秀吉の血判からO型が検出された**とのことです。

戦国武将・豊臣秀吉を表す最も的確な表現は、「人たらし」という言葉でしょう。彼は、優れた武将としての能力だけでなく、人々の心理を細やかに察知する能力も持ち合わせていました。出自が武士でなく、下層農民であったことから、より人間を深く理解する能力を磨いていたのかもしれません。O型とAB型は、他の血液型より人間関係のスキルが高いとされ、O型は特に信頼関係にある上司への忠実さが際立っています（能見正比古氏による）。秀吉が織田信長に対して示した忠誠心は、その最たる例でしょう。

その一つのエピソードとして、有名な草履《ぞうり》取りの話が挙げられます。冬の日、信長が履いた草履がなぜか暖かかったのです。疑問に思った信長は秀吉に対し、彼が草履を温めた方法を問いただします。秀吉は、草履を直接背中に当てて温めたと明かすのです。その証拠として背中についた跡を見せた彼に、信長は感心し、彼を昇進させました。

秀吉の「人たらし」の技術は、敵対する武将たちに対する戦略にも活かされていました。武力だけでなく、敵陣営の中での不和を利用したり、相手方の裏切りを誘ったりと、彼の策略は深いものでした。これは、文字通り孫子《そんし》の兵法に基づくもので、現代の情報戦やサイバー戦争、宣伝外交の先駆けとも言えるでしょう。

小田原城攻めはその好例です。既に太閤となっていた秀吉は、経済的な力を最大限に活かして、経済封鎖の策を採りました。目的を達成するためなら、可能なありとあらゆる手段を使うというのは、いかにもO型的です。さらには、石垣山城を急ピッチで築城し、千利休による大茶会を頻繁に開催するなど、その権力と経済力を北条氏に見せつけました。このような大々的な示威活動の結果、小田原城内部から内通者が出始め、やがて小田原城も彼の手中に落ちました。

ただ、O型がトップに上り詰めると、極めてワンマンになることがあります。前出の童門冬二氏の『徳川家康の人間関係学』にはこんなエピソードが紹介されています。

天下人としての地位を確立した秀吉に、彼の出身地である中村の住民たちは、その名産である大根と牛蒡《ごぼう》を祝いの品として届けました。その心温まる贈り物に、秀吉は喜びを隠せませんでした。

「毎年、この大根と牛蒡を年頭の祝い物として届けていただきたい。その感謝として、中村の税は免除する」と言ったのです。農民たちは喜びました。

しかし、その後秀吉が関白太政大臣になったとき、中村の農民たちは頭を悩ませました。「これほどの偉人となられた秀吉様へ、相変わらずの大根と牛蒡で良いのだろうか」と。結果、村人たちは「越前の綿」という当時の大変な貴重品を、新たな祝いの品として選びました。

ところが、その越前の綿を前にした秀吉の反応は予想もしないものでした。彼は激怒し、「馬鹿者、何でも手に入る私に、越前の高い綿を持って来るのか。私が望むのは、故郷・中村の大根や牛蒡、そして住民の素朴な気持ち。それだけだ」と鬼のような顔で叱ったのです。

そして、彼はこの不手際を厳しく叱責し、そんな余裕があるならと、約束していた税免除を取り消すことを告げました。中村の農民たちは、その時の自らの誤解を深く悔いました。しかしながら、秀吉はその後も中村に普通の税を掛け続けたと言われています。

上杉謙信のAB型的性格

上杉謙信の血判からAB型が検出されたとのこと。彼の人物評は、「律儀」「義理堅い」「頼まれたら絶対に裏切らない」が最大公約数のようです。

当時は、「義理」という言葉が、現代の意味とは異なる意味で使用されていました。謙信の行動原則は、大義や約束を重んじることで、この誓いを破ることはなかったようです。同時代の武田信玄や北条氏康《うじやす》ですら、謙信の約束を厳守するこの姿勢を高く評価し、自らの死後に頼るよう遺言したとされています。戦乱が続く時代では、裏切りも巧みな戦術の一環とされる中で、上杉謙信は異彩を放っていました。

しかし、別の人物評も存在します。世俗的な野心や欲望はほとんどなかったという側面です。このことは、例えばO型の豊臣秀吉と対比するとよく理解できます。秀吉は、女性が大好きで――出自のせいもあるのか――特に高貴な女性がとても好みのようでした。端的な一例を挙げれば、側室であった淀君《よどぎみ》があります。淀君は信長の妹であるお市の方の娘であり、お市の方に求婚をして袖にされた秀吉は、その娘の淀君を側室として迎えました。現代では理解しがたいかもしれませんが、戦国時代の基準では問題なかったのでしょう。

が、AB型の謙信は、そんな時代でさえ、「不犯の名将」と呼ばれたとおり、なんと生涯独身を通しているのです。もっとも、戦国武将では、徳川家康（血液型は不明ですが、子の秀忠がO型のためAB型ではない）のように、あえて正室を持たなかったケースもあります。しかし、家康は決して女嫌いだったわけではなく、子供は側室の産んだ子も含めると、全部で18人もいるのです。最初の正室で苦労したせいで、同じことはもう懲り懲りということなのかもしれません。

一方、AB型の謙信はそのような欲望に対しても無関心と言えます。彼は終生独身を通しました。上杉家の血統を絶やすことを避けるため、養子を迎えたことは事実ですが、ここまでして独身生活を貫いた背後には何があったのでしょうか。一説には、飯綱《いづな》の法という呪術を行うためだったとも言われており、真相は未だに謎のままです。

謙信の戦略的な才能もまた、その人物像を豊かに彩っています。彼は生涯で70勝2敗という圧倒的な戦績を持ちながらも、戦争においては相手の落ち目を見て攻めることを避け、義理を重んじる姿勢を優先しました。彼の領土拡張への熱意はそれほど高くなく、その点においても他の武将とは異なるスタンスを取っていたことがわかります。これは井沢元彦氏の『逆説の日本史』でも言及され、その一面をうかがい知ることができます。

＊　＊　＊

謙信という男がまさに「常識外れ」ともいうべき無欲の、義理にあつい人間だということだ。

謙信は若い頃、家中の勢力争いに嫌気がさして、すべてを捨てて出奔したことがある。高野山に入山して坊主になろうと思ったのだ。つまり謙信はあらゆる戦国大名の中で最も自己の生命・財産に執着のない人間なのである。生涯妻帯せず、家族を作らなかった。それでは上杉家がつぶれ家臣が路頭に迷うので養子だけはもらったが、天下を取ろうなどという野心はなかった。

この川中島の合戦も、この地の領主だった村上義清に泣きつかれ、領土回復を懇願されたからだ。

（井沢元彦「逆説の日本史」『週刊ポスト』2001年3月30日号）

＊　＊　＊

以上の、頼まれたらイヤといえない（能見正比古氏による）、義に厚い、不犯の名将も、はては〝上杉謙信女性説〟も、謙信が欲望の薄いAB型とするなら簡単に説明可能です。

ここで、もう一つの興味深いエピソードを紹介しておきましょう。謙信が酒好きで酒豪であることはよく知られています。戦国武将には宴会の席も多く、その場は明るく振る舞いながらも、日常のひとときは自身ひとりで酒を味わっていたと言われています。味噌や梅干しを肴に、一日に浴びるほどの量の酒を楽しんでいた彼の姿。毎日浴びるほどの酒を飲んでいれば、脳溢血《のういっけつ》で倒れたとしても不思議ではないでしょう。いかにも、AB型的なストレス解消法です。そういえば、能見正比古氏の調査によれば、AB型の独身男性は、1人での食事を好む傾向があることを思い出しました。

【コラム】歴史上の人物の血液型プラスα

このほか、血液型が判明している歴史上の人物を紹介しておきます。

○北条政子　O型
○大久保利通　O型
○高杉晋作　A型
○桂小五郎（木戸孝允）　A型
○西郷隆盛　B型（遺髪より）
○藤ノ木古墳の被葬者（２人）　B型
○武田信玄　A型
○真田幸村　A型

なお、明智光秀の血液型については、子孫の明智憲三郎氏はA型と推測しています。
出所は、「みつひでAI」というサイトです。

第六章　古代人

縄文人の血液型

バイオサイエンス技術の進展が、縄文人のＤＮＡを現代に蘇《よみがえ》らせました。その代表例が、２０１９年に発表された縄文人女性「船泊23号」のＤＮＡの解析結果です（口絵７頁[★1]）。北海道・礼文《れぶん》島の船泊《ふなどまり》遺跡から発見された、この３８００年前の人骨は、極めて良好な状態に保たれていました。そして、国立科学博物館を中心とする研究チームの地道な努力が実を結び、ほぼ完全な形でのＤＮＡの抽出に成功しました。この結果、現代人とほとんど変わらぬ解析が可能となり、彼女の特徴が明らかになったのです。茶か黒の瞳、濃い肌、シミの出来やすさ、湿ったタイプの耳あか、Ａ型でＲｈ＋の血液型、お酒に強い……これらは今までの縄文人像と一致します。彼女の復元顔も公開され、その姿は多くの人々の記憶に焼き付けられました。

もっとも、血液型だけなら、技術的にはもっと簡単です。次頁にあるように、これより以前に8人の縄文人、3人の続縄文人の血液型が判明しています。★2 これらの結果を合計すると、A型5人、O型3人、B型とAB型はそれぞれ2人となりました。A型が一番多く、次はO型、その次はB型とAB型という数字は、現代日本人と大差はありません。

個人的な感想を言わせてもらえれば、O型が思ったより少ない！　もっとも、これらの少ないサンプルは北海道に集中し、日本では地域差も大きいはずなのでまだ断言はできませんが……。前著『古代史サイエンス』では、水田稲作でA型が増えたはずと書きましたが、北海道の縄文人は、現代日本人とあまり変わらないのは意外です。もっとも、縄文人のO型には、東北や九州南部や沖縄に多いO02型が多いそうです。

余談ですが、北海道では、アイヌの血液型も調べられています。★3 こちらは、グループによって相当バラツキが多く、中には相当にO型が多いグループもあります。アイヌはオホーツク方面から日本に渡来したと言われており、O型が多いのはオホーツク人が関係しているのかもしれません。

Table 1 Genotypes of the *ABO* blood group gene of the Jomon/Epi-Jomon and Okhotsk specimens

Specimen no.	*Archeological site*	*Genotype*	*Phenotype*
Jomon people 縄文人			
JM-1	Funadomari	*A101/B101*	*AB*
JM-2	Funadomari	*O101/O102*	*O*
JM-3	Funadomari	*B101/O102*	*B*
JM-4	Funadomari	*A101/O101*	*A*
JM-5	Funadomari	*O102/O102*	*O*
JM-6	Funadomari	*A101/B101*	*AB*
JM-7	Usujiri	*A102/A102*	*A*
JM-8	Funadomari	*A102/O102*	*A*
Epi-Jomon people 続縄文人			
EPJ-1	Usu Moshiri	*A102/O102*	*A*
EPJ-2	Usu Moshiri	*B101/B101*	*B*
EPJ-3	Chatsu Cave 4	*O101/O102*	*O*
Okhotsk people オホーツク人			
OKH-1	Moyoro	*O101/O101*	*O*
OKH-2	Utoro	*A102/O101*	*A*
OKH-3	Omisaki	*B101/O102*	*B*
OKH-4	Omisaki	*O101/O101*	*O*
OKH-5	Omisaki	*B101/O102*	*B*
OKH-6	Omisaki	*A101/O101*	*A*
OKH-7	Hamanaka	*B101/O102*	*B*
OKH-8	Hamanaka	*O101/O102*	*O*
OKH-9	Hamanaka	*O101/O101*	*O*
OKH-10	Hamanaka	*O101/O102*	*O*
OKH-11	Hamanaka	*O101/O102*	*O*
OKH-12	Pirikatai	*B101/O102*	*B*
OKH-13	Tomiiso	*O102/O102*	*O*

現在までに判明した縄文人の血液型は、Ａ型５人、Ｏ型３人、Ｂ型とＡＢ型が各２人。Ａ型には「船泊 23 号」を含む。

出所 Takehiro Sato et al. (2010)[★2]　ほか

ネアンデルタール人の血液型

ネアンデルタール人の血液型は、私が知るだけでも2件の論文が公表されています。最初の論文[★4]では、スペイン北西部アストゥリアスのピロニャ市にあるシドロン洞窟で発見されたネアンデルタール人のうち、2人がO型と判定されたとのことです。

別の論文[★5]では、各地のネアンデルタール人3とデニソワ人1人の血液型が調査されており、判定された血液型だけ書いておくと、

○ Altai（ネアンデルタール人）はA型（遺伝子型はＡＡ）
○ Vindija 33.19（ネアンデルタール人）はB型（遺伝子型はＢＯ）
○ Chagyrskaya（ネアンデルタール人）はA型（遺伝子型はＡＯ）
○ Denisova（デニソワ人）はO型（遺伝子型はＯＯ）

となります。

結局、ネアンデルタール人5人のうち、O型とA型が2人ずつで、残りの1人はB型となりました。同じ論文のデニソワ人1人はO型とのことです。

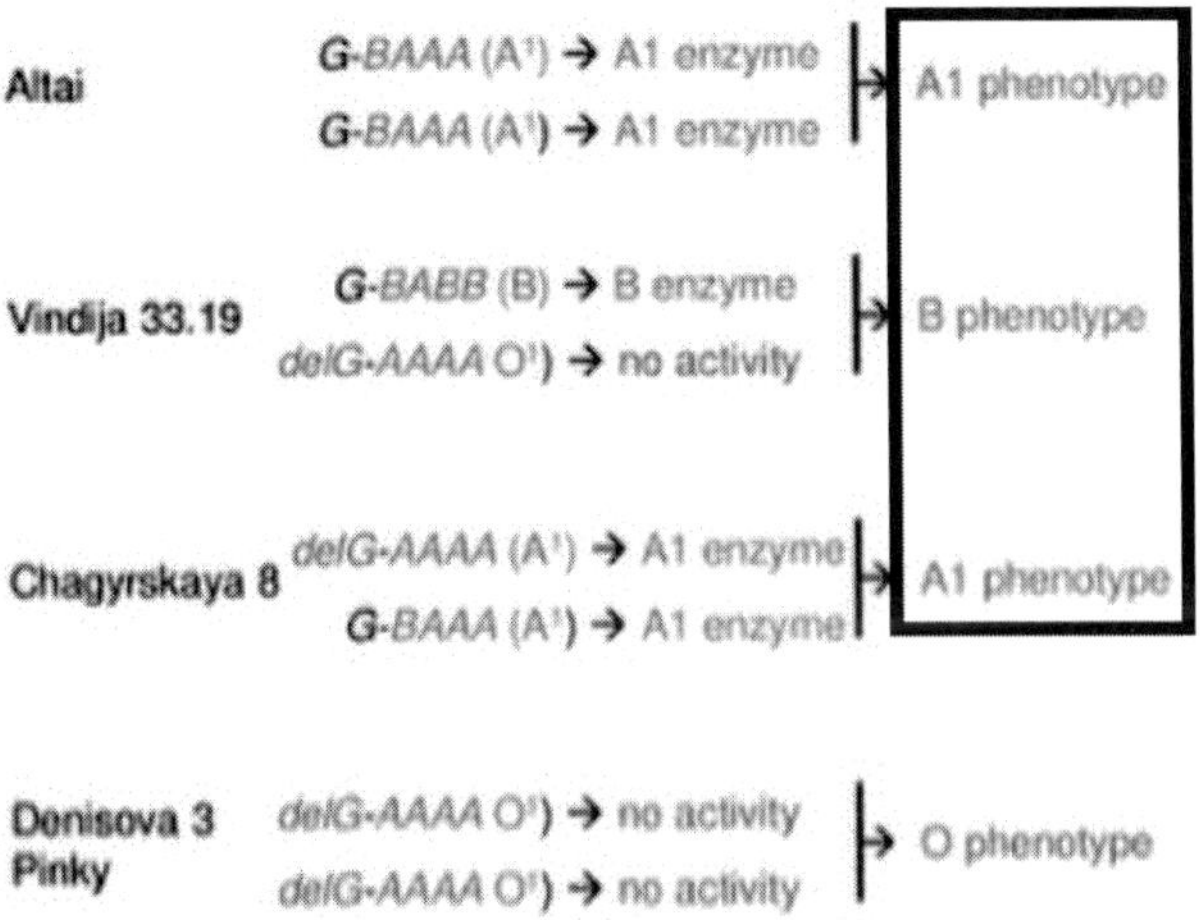

現在までに判明したネアンデルタール人の血液型は、O型とA型がそれぞれ２人、B型１人。
この論文ではデニソワ１人（一番下）も発見され、血液型はO型だった。この論文のほかに、O型２人が判明している。
出所　Silvana Condemi et al. (2021)[★5]

【注】なお、別の論文★6では、このうち1人はシスＡＢという記述もあります。私には判断が付きませんので、両方の結果を記しておきます。

★1　国立科学博物館　プレスリリース「遺伝子から続々解明される縄文人の起源～高精度縄文人ゲノムの取得に成功～」２０１９年5月13日

★2　Takehiro Sato et al., Polymorphisms and allele frequencies of the ABO blood group gene among the Jomon, Epi-Jomon and Okhotsk people in Hokkaido, northern Japan, revealed by ancient DNA analysis, Journal of Human Genetics, 2010.

★3　小林宏志「沙流アイヌの血液型について」『民俗学研究』１９５２年

★4　Carles Lalueza-Fox et al., Genetic characterization of the ABO blood group in Neandertals, BMC Evolutionary Biology, 2008.

★5　Silvana Condemi et al., Blood groups of Neandertals and Denisova decrypted, PLOS ONE, 2021.

★6　Fernando A Villanea et al., ABO genetic variation in Neanderthals and Denisovans, Molecular Biology and Evolution, 2021.

【コラム】A型はB型とO型から発生した？

ホモ・サピエンスのA型遺伝子は、B型とO型の遺伝子からの組換えによって発生したとう興味深い論文が、2012年に茨城大学の北野誉教授らから発表されています。昔の研究では、A型が一番古いとされていたので、これを知ったときには驚きました。

北野氏らは、現代人のA型のDNAを解析し、O型とほとんど同じことを突き止めました。O型は、A型やB型のDNAのうち、1個が欠損しているため、A型やB型の抗原を合成できないだけで、他の部分の配列は、基本的にA型やB型と同じです。

さらに面白いことに、この欠損している部分より後のDNAを調べてみたところ、B型と同じだったとのことです。つまり、この欠損部分より前はO型そっくりで、後はB型そっくりということになります。そして、これが最も重要な点ですが、現代人のA型のDNA配列は、O型とB型の組み合わせだけであり、他の組み合わせは見つかっていません。このことは、A型遺伝子は、B型とO型の遺伝子からの組換えによって発生したことを示しているとのことです。

URL: https://sites.google.com/site/kitanosite/study/figure-in-kitano-et-al-2012

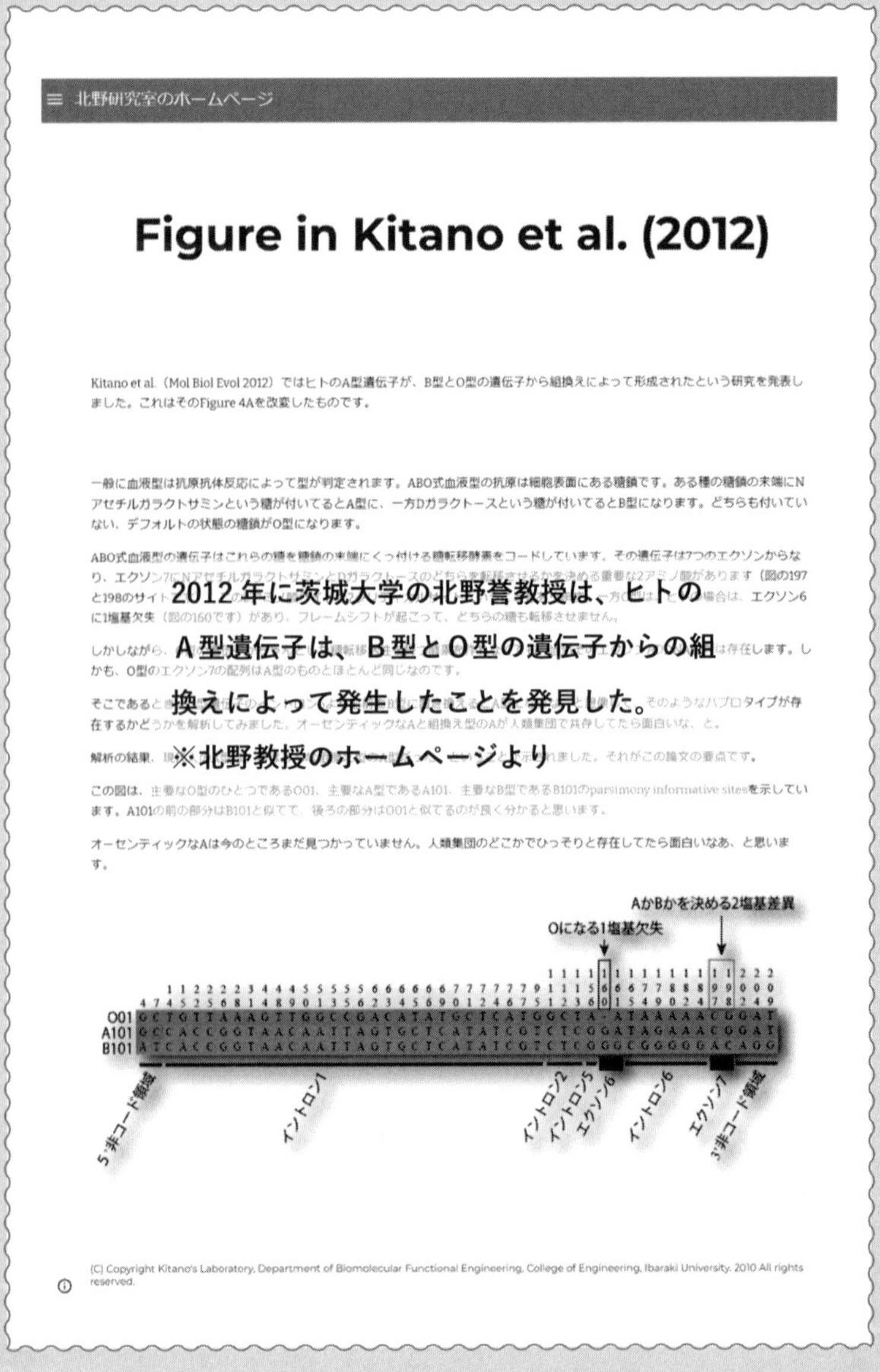

≡ 北野研究室のホームページ

Figure in Kitano et al. (2012)

Kitano et al.（Mol Biol Evol 2012）ではヒトのA型遺伝子が、B型とO型の遺伝子から組換えによって形成されたという研究を発表しました。これはそのFigure 4Aを改変したものです。

一般に血液型は抗原抗体反応によって型が判定されます。ABO式血液型の抗原は細胞表面にある糖鎖です。ある種の糖鎖の末端にNアセチルガラクトサミンという糖が付いてるとA型に、一方Dガラクトースという糖が付いてるとB型になります。どちらも付いていない、デフォルトの状態の糖鎖がO型になります。

ABO式血液型の遺伝子はこれらの糖を糖鎖の末端にくっ付ける糖転移酵素をコードしています。その遺伝子は7つのエクソンからなり、エクソン7にNアセチルガラクトサミンとDガラクトースのどちらを転移させるかを決める重要な2アミノ酸があります（図の197と198のサイト … エクソン6に1塩基欠失（図の160です）があり、フレームシフトが起こって、どちらの糖も転移させません。

しかしながら、… は存在します。しかも、O型のエクソン7の配列はA型のものとほとんど同じなのです。

そこであると … そのようなハプロタイプが存在するかどうかを解析してみました。オーセンティックなAと組換え型のAが人類集団で共存してたら面白いな、と。

解析の結果、… それがこの論文の要点です。

この図は、主要なO型のひとつであるO01、主要なA型であるA101、主要なB型であるB101のparsimony informative sitesを示しています。A101の前の部分はB101と似てて、後ろの部分はO01と似てるのが良く分かると思います。

オーセンティックなAは今のところまだ見つかっていません。人類集団のどこかでひっそりと存在してたら面白いなあ、と思います。

2012 年に茨城大学の北野誉教授は、ヒトのA型遺伝子は、B型とO型の遺伝子からの組換えによって発生したことを発見した。

※北野教授のホームページより

第二部　プロフェッショナル編

AIと300万人のデータで分かる「血液型と性格」

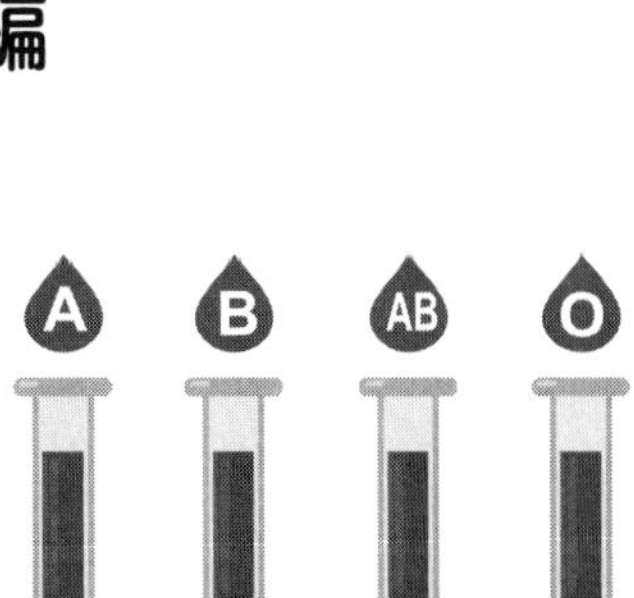

第七章　真実を語り始めた心理学者たち

第二部のはじめに

日本では、血液型といえば性格の話題で大いに盛り上がります。実は、ちゃんとした科学的な裏付けがあるのです。とは言え、少なくない人が、そんなことは信じられないと、眉をひそめるかもしれません。残念なことに、科学的に実証済みだと知っている人は少数派のようです。血液型と性格は「科学的に関係がないと言われていますが」と前置きをしてから始める、というのは「血液型あるある」ですね。

アカデミックな世界では、一見すると、血液型と性格の関連性を認める声はあまり大きくないように思われがちです、一方で、オフの時間には、少なくない心理学者が、こっそりと血液型の話で盛り上がっているのは面白い現象です。公の場では「関係ない」と言いながら……。

事実、血液型と性格は「関係ある」という結論の論文が出ても、学界で高く評価されるとは限りません。それでも、なぜここまで研究者たちがこのテーマにこだわるのかというと、既存の心理学理論には、なかなか越えることができない壁があるからです。

10年ほど前から状況が一変し、血液型と性格に関する英語論文をあちこちで見かけるようになりました。中身を詳しく読んでみると、これがなかなかのハイレベルです。なかには、否定側の論文を上回るほどのクオリティのものも少なくありません。

となると、この問題については、もはや学問的には解決済みと言っていいのかもしれませんね。なぜなら、権威ある査読付き英語論文が続々と発表されたため、否定派が示した「関係ある」という条件、具体的には、

①きちんとした学術誌への掲載
②データは統計的に偏りのないものを使う（読者アンケートなどは不可）
③分析したデータのきちんとした公開

は、基本的にすべてが満たされたからです。それだけではなく、最近の肯定側の論文を

見ると、査読付き英語論文が多く、否定側の日本語論文などより学問的な「格」は上です。また、分析したデータの人数や信頼性でも、既に否定的なものを上回っています。話は変わりますが、心理学の大御所の某教授。彼が実はプライベートで血液型の話を楽しんでいたなんて、ちょっとした学界のゴシップとして、知る人ぞ知るエピソードだったりします。

岡山大学の名誉教授、長谷川芳典氏も興味深い発言をしています。要するに、日本人が血液型と性格に関連性を感じている以上、それが数字に表れるのは当然ということです。これを読んで、あなたもそう思わないでしょうか？

興味を持たれた読者は、詳細は巻末の「補足説明」で、ちょっぴりマニアックな内容を、コーヒーを片手にじっくりとお楽しみください。

真実を語り始めた心理学者たち

さて、ここ10年ほどの間に、**「血液型と性格」に肯定的な査読付き英語論文が、続々と発表されています。**その代表例として、

○土嶺章子氏らによる肯定的な査読付き英語論文★1
○同じ血液型の中国人は結婚しやすいという査読付き英語論文★2
○Hobgood氏による、ドーパミンの遺伝子（ＤＢＨ）との関連を調べた査読付き英語論文★3
○Natureなど、性格と関係されると言われる腸内フローラとの関連論文３件★4★5★6
○私などによるＡＩを活用した査読付き英語論文★7
が挙げられます（口絵８頁と次頁）。

PNAS　RESEARCH ARTICLE | SOCIAL SCIENCES　OPEN ACCESS

Assortative mating on blood type: Evidence from one million Chinese pregnancies

Yao Hou[a,1], Ke Tang[a,b,1,2], Jingyuan Wang[c,d,e,1,2], Danxia Xie[a,1,2], and Hanzhe Zhang[f,1,2]

Edited by Dalton Conley, Princeton University, Princeton, NJ; received June 9, 2022; accepted October 27, 2022

上は、中国人カップル 113 万組を調べた全米科学アカデミーの論文

肯定・否定の根拠とされる主な査読あり英語論文

結果	著者(発表年)	学術的評価 (h-index※)	有効人数	使用した性格テスト	血液型の特性	AI の使用
肯定	土嶺ほか(2015)　a	**337**	1,427	TCI	なし	なし
肯定	金澤(2023)　b	22	**10,088**	**BFS, TIPI-J TCI**	**8 項目**	**あり**
否定	Rogers ほか(2003) c	181	720	NEO-PI, LOT-R	なし	なし
否定	縄田(2014) **日本語** d	6	9,722	なし	なし	なし

※h-index は、数値が大きいほどその学術誌の評価が高いとされている。

現時点で、血液型と性格についての主な査読あり英語論文を比較すると、学術的な評価、有効人数、分析方法などの多くの点で、肯定的な論文が否定的な論文を上回っている。
具体的な論文の例は次のとおり。

a.　Tsuchimine et al. ABO blood type and personality traits in healthy Japanese subjects. PLOS ONE. 2015

b.　Kanazawa. Pilot analysis of genetic effect on personality test scores with AI. Biology and Medicine. 2023

c.　Rogers et al. Blood type and personality. Personality and Individual Differences. 2003

d.　縄田. 血液型と性格の無関連性　――日本と米国の大規模社会調査を用いた実証的論拠――,『心理学研究』, 2014 年 (日本語)

もっとも、正直に感想を白状すると、日本語が英語になり、手法は最新のＡＩなどのハイテクを使っているものの、「あれ？　これ、昔の能見正比古さんが言ってたことと似ているんじゃ……？」とも思います。最新のテクノロジーが導入されても、中身はあまり変わっていない。それを思うと、どこか懐かしさすら感じます。

これと関係あるのかどうか、かなり気になる変化も起きています。心理学の大御所たちの見解が、いつの間にか変わり始めているのです。ここで、ちょっとだけスポットを当ててみたいのが、岡山大学・名誉教授の長谷川芳典氏。

彼のブログ「じぶん更新日記」では、かつては血液型と性格の関連をかなりシビアにとらえていました。どんな本やデータや論考が出ても、彼の立場はブレることなく、「性格に差はない！」と一貫して言い切っていました。そんな彼が執筆したブログ記事は、手軽に読める「血液型判断資料集」としてまとめられています。

もっとも、彼も定年退職を迎えてから、血液型の記事の更新はしばらく止まっていました。ところが、とある日、ふとそのブログを読み返してみると、ある衝撃的な一文が目に飛び込んできたのです。「**性格検査**［性格テスト］**では、見かけ上、血液型による有意な差が確認される可能性が高い**」という内容で、飛び上がるほど驚きました。次がその部分です。

＊　　　＊　　　＊

…ＡＢＯ血液型の違いによって、ある傾向（免疫力、あるいは何らかの行動傾向）に有意な差が見られるかどうかという調査は、未知のメカニズムを発見し応用に役立てるという面で大いに役立つ可能性がある。但しこれはあくまで、「何らかのバイアスがかからず、かつ、結果を左右するような別の諸要因の影響を取り除いたうえで、統計的に有意な［意味のある］差が得られた時」に限定される。

まず、しばしば指摘されているように、**自己成就現象の影響**がある。質問紙型の性格検査では、しばしば自己評定型の質問が並べられているため、血液型本やかつての血液型性格判断喧伝番組を繰り返し視ていた人は、質問項目のなかで自分の血液型に合致する行動傾向があるかないかを問われた時に「あてはまる」と答えやすくなる。そういう人たちが調査対象に1割でも含まれていれば、**見かけ上、血液型による有意な差が確認される可能性が高い。**このほかにも様々な要因が考えられるがここでは省略する。

（長谷川芳典「【連載】新型コロナとＡＢＯ血液型⑸「免疫学からみた血液型と性格⑶」２０２１年9月21日）

＊　＊　＊

これまで多くの心理学者は、「性格テストに差が出ないから血液型と性格は関係ない」という主張を繰り返してきました。現時点でも、批判的な研究のほとんどは、性格テストで差が出ることは認めていません。

しかし、長谷川氏は、**「性格テストでは、見かけ上、血液型による有意な差が確認される可能性が高い」**という意見で、これまでの常識を覆す新説を提示したのです。言い換えれば、いままでの否定派の主張に対して、真っ向から反旗を翻したことになります。

次にもあるように、一昔前の2000年頃までは、「統計データ」で差がないから、血液型と性格は関連しないという見方が主流でした。[★8]

＊　＊　＊

血液型学に限らず、おおよそすべての性格理論は統計的なものであって、集団全体の傾向としてしかとらえられない。たとえば筋肉を使った運動能力は女性よりも男性の方が優れていることに誰も異論はないと思うが、それでも特定の男性を取り上げれば、平均的な女性より力が弱い人はざらにいるだろう。必要なのは個々の事例ではなく、統計的な事実なのである。

いずれにせよ、**血液型性格判断はなぜ虚偽なのか、これは提唱者が言うような性格の差が、現実に信頼できる統計データとして見あたらないという点につきる。**

（菊池聡「不可思議現象心理学9　血液型信仰のナゾ—後編」月刊『百科』１９９８年３月号）

＊　＊　＊

もっとも、個別の項目で差が出ていても、それらをまとめた性格因子にしてしまうと、差が消滅することも珍しくありません。これについては第九章で説明します。

一休さんの金襴の袈裟

絶大な影響力を持つ伝説のアイテムと言えば、日本では「水戸黄門の印籠」が名高いですね。しかし、21世紀の今、その印籠を超える力を持つものがあるとしたら……それは「査読付き英語論文」かもしれません。実際、私はこれら論文の威力には舌を巻きました。そして、もしかすると、現代版「一休さんの金襴《きんらん》の袈裟《けさ》」なのかもしれません。

ちなみに、このテーマに関して、チャットGPTを使って各種資料をピンポイントで要約し、一部修正を行ったものはこんな感じです。

＊　＊　＊

ある日、大徳寺の住持、一休宗純禅師の元へ、京都の長者・高井戸の使者が訪れました。「大旦那様の一周忌に禅師さまにおいでいただきたい」との頼み事。禅師は金持ちの横柄さを嫌っていたので、面白い計画を思いつきました。

その日の夕暮れ、泥だらけの乞食が高井戸家の門前に現れました。「おめぐみを……」とあわれな声で乞いましたが、下男たちは無慈悲にも「かえれ！」と追い出してしまいました。この乞食、なんと一休禅師その人だったのです。

翌日、一休禅師は美しい法衣と金襴の袈裟をまとい、駕籠で高井戸家へ。掃き清められた門前には大勢の人々が集まり、生き仏を迎える準備が整っていました。

主人が「禅師さま、仏間にお越しください」と言うと、禅師は「ここで充分じゃ」と、敷物の上に腰を下ろしました。主人が困惑する中、禅師は「昨日の乞食も今日のわしも同じ。昨日は追い出され、今日は歓迎される。この袈裟が光るからかね？」と言い、大笑いしました。

一休禅師の言葉に、主人は昨日の乞食が一休禅師だったことを悟り、言葉も出ないほど恐縮してしまいました。一休禅師は笑顔で袈裟や法衣を脱ぎ、「この法衣や袈裟にたのみなさるがいい」と言って、その場を去ったというのです。金持ちに対する独特の教えを残す、一休禅師らしいエピソードでした。

（佐藤俊明『心にのこる禅の名話』大法輪閣、各種ホームページなどから）

＊　＊　＊

皮肉屋の一休さんの言動に思わず噴き出してしまいます。大変失礼ながら、日本の心理学者のやっていることは、高井戸家の主人とあまり変わらないのではないでしょうか。

黒船とペリーの砲艦外交

黒船とペリーの砲艦外交にまつわるエピソードも、私には大いに参考になりました。次も、チャットGPTを使って各種資料から要約し、一部修正したものです。

＊　＊　＊

日本史上にその名を刻む、ペリー提督のエピソードを振り返ってみましょう。彼の姿は、日本史の教科書に必ず写真が載っています。なぜなら、彼こそが日本を開国に導いた人物だからです。

ペリー提督は軍人一家で、彼自身も15歳で海軍に入隊。43歳の時にはアメリカ初の蒸気軍艦を建造し、この業績から「蒸気海軍の父」と讃えられています。

当時の欧米諸国は貿易や捕鯨のために、鎖国していた日本への補給地を欲していました。しかし、幕府は頑なに開国を拒んでいました。一方、唯一オランダとは長崎の出島で細々と交流を続けていたのです。

58歳のペリーが東インド艦隊司令長官に就任すると、日本の開国を目的とした遠征が命じられました。彼はこれを受け、日本の開国を本気で考え始めます。その手段とは、黒船による「砲艦外交」でした。

意外にも思えるかもしれませんが、そんな諸外国の動きは、幕府関係者にとって周知の事実でした。オランダは、そういう欧米各国の「開国希望」の情報を、幕府にこまめに伝えていたのです。ところが、面倒な開国など考えてもいない幕府は、親切なオランダの忠告を無視していました。事情はアメリカも同じで、ペリー以前に丁寧に開国をお願いしたケースでは、すべて失敗に終わっています。

そこで、ペリーは策を練りました。何十冊もの資料を集めて日本を研究し、「日本人は権威に弱く、高圧的な姿勢に従うだろう」と結論づけたのです。彼は、4隻の黒船を率いて、江戸城の近くの浦賀にあえて現れました。幕府の役人には高圧的に接し、「開国しなければ武力を使う」と迫りました。

この脅威に、幕府は動揺を隠せませんでした。というのも、すぐ近くで起こったアヘン戦争で、中国がイギリスによって麻薬漬けにされ、大混乱していたからです。こうして、ペリーは大統領からの親書を渡すことに成功し、「必ず返事を確認しに来る」と言い残して去りました。

翌年、彼は7隻の黒船を率いて再び来航し、首尾良く日米和親条約を結ぶことに成功しました。これにより、２００年以上続いた日本の鎖国は終わりを迎えたのです。

一方、幕府のために情報を伝え続けていたオランダは、自分たちの無力を痛感させられました。

（本郷和人監修『東大教授がおしえる さらに！やばい日本史』、各種ホームページなどから）

＊　　＊　　＊

読者の皆さんには、この第二部を通して、私が伝えたかったメッセージが、全員の心に届いていることを願っています。簡単に言うと、日本の心理学者は、日本語のきちんとしたデータとロジックには、残念ながら、あまり耳を貸してくれないということ。要するに、こつこつと地道な努力をしても報われないというのが悲しい現実となります。

では、これに対する答えは……。ちょっと驚かれるかもしれませんが、豪華な「金襴の袈裟」のような華麗な英語論文や、「黒船」のような先端技術を活用した研究方法、つまり、最新のハイテクの強力なパワーが必要だということです。

次から詳しく説明していきますが、これは決して冗談や皮肉ではなく、厳然たる「事実」です。この「黒船タクティクス」は、効果てきめんでした。あるいは、血液型論争が世界の舞台に上がる日も、そう遠くないかもしれません。海外の研究者たちもこの話題に飛びつくことでしょう。

ここで一つ忘れてはいけないことがあります。それは、「血液型と性格」は、実質的に日本発の独自の研究成果であるということです。そんな日本オリジナルの研究が、海外の強力なガイアツなしには認められないというのは、ちょっと複雑な気持ちです。私としては、誇りと同時に、ちょっぴり切ない気持ちになりますね。

30年間封印されていた真実

さて、話を戻すと、実は長谷川氏の主張は、30年以上も前の心理学者たちからも提唱されていたようです。1991年に、山崎賢治・坂元章の両氏が、なんと11年間にわたる3万人以上の世論調査のデータを解析し、「A型らしい特徴」や「B型らしい特徴」には、統計的に意味がある差（有意差）が出ていることを発表したのです。もっとも、差は極めて小さく、そして「思い込み」による見かけ上のものだというものでした。

そこから少し時が流れ、長崎大学の武藤浩二・長島雅裕氏らは、2012年に同じデータを20万人以上にまで調べ上げ、やはり山崎氏らと同じ結果を得ています。★9 つまり、**自分の性格についてのアンケート調査なら、必ず血液型によって差が出る**ことになります。大きな差ではありませんが、少なくとも見かけ上は……。

奇妙なことはまだまだ続きます。血液型の違いは単なる思い込みではなく、実際の「本物の違い」である可能性を示す論文★10が、日本の一流の心理学誌に掲載されていました。この論文の著者は、北海道大学大学院（当時）の渡邊席子氏。そして指導教官は、世界的にも有名な山岸俊男氏だったのです。彼女のこの1995年の論文は一筋縄ではいかないもので、要点だけ軽くお伝えしましょう。

結論は、個人が血液型の特徴かどうか判断するのは、血液型本にどう書いてあるかどうかとは関係なく、その人の個人的な経験に基づく知識によるものだということです。

つまり、血液型本による「思い込み」ではなく、その人独自で判断しているということなのです。だから、差は思い込みではあり得ません。次は、これを学問的にもう少し厳密に書いたものです。

①血液型の性格特性については、一般に流布している通説に基づく情報（血液型本の情報＝プロトタイプ情報）と、その個人の経験に基づく血液型の性格特性（イグゼンプラ情報）の２種類の情報がある。
②個人が持っている性格特性の情報のうち、通説と一致しているのは多くて４〜５割であり、残りの５〜６割は通説とは異なった内容で構成されている。
③現実の個人が血液型の性格特性と判断しているのは、通説＝プロトタイプ情報とは関係なく、個人的な知識＝イグゼンプラ情報である。

さて、この渡邊氏の論文には、前述のように一筋縄ではいかない難しさがあります。なぜか、多くの血液型本に書かれている典型的な特性と、回答者の血液型との関連性は直接見ていないのです。つまり、血液型と特性の直接的な関係性を探るような分析は避けられているのです。なんとなく、血液型の特性と実際の差には目を向けたくない雰囲気を感じますよね？　意図的に？

実を言うと、これに気づいたのは、私もちょっと遅かったのです。お恥ずかしい限りですが、もうちょっと早く気づいていれば……と思います。

更に驚きなのが、この渡邊氏の研究方法をそのまま使って、数千人のデータを調査した結果が公開されていることです。★11 この調査（査読なし）でも、多くの質問に対して統計的に意味がある差が明らかにされています。なんだかドラマチックな展開が待っていそうです。

「思い込み」は存在するのか

不思議なことに、血液型の「思い込み」をデータとともにしっかり確かめた研究は、ほとんど見当たらないのです。しようがないので、私が自らの手で調査してみることにしました。対象は、血液型と性格は「関係ない」「知識がない」という人たちです。

そして、待望の結果が出ました。驚いたと言うべきか、当然だと言うべきか、**血液型の知識がある人とほぼ同じ傾向の差が出たのです**★12（口絵9頁）。つまり、「思い込み」ではなく「本当の差」があったということになります。もっとも、そういう人たちだけでは、差は小さめとなりました。このため、確実な結果を得るためには、何千人ものデータが必要でした。

またまた余談ですが、もし、この差が「思い込み」だとするなら、大多数の日本人は自分の性格を正確に把握していない……ということになります。それなら、そういう人の性格テストの結果は相当怪しいはずです。性格テストの結果が怪しいなら、血液型と性格の関連が「思い込み」かどうかを正確に知るのは、本当はとっても難しそうです。

この問いの前に、思い込みの論議がちょっと複雑になってしまったかもしれません（笑）。

既出ですが、血液型と性格に否定的な研究者の多くは、たとえば次の菊池聡氏ですが、最近はこのテーマについて、ちょっと口が堅くなっているように思えます。

＊　　＊　　＊

血液型学に限らず、おおよそすべての性格理論は統計的なものであって、集団全体の傾向としてしかとらえられない。たとえば筋肉を使った運動能力は女性よりも男性の方が優れていることに誰も異論はないと思うが、それでも特定の男性を取り上げれば、平均的な女性より力が弱い人はざらにいるだろう。**必要なのは個々の事例ではなく、統計**

的な事実なのである。

（菊池聡「不可思議現象心理学9　血液型信仰のナゾ―後編」月刊『百科』1998年3月号）

質問の選び方にも問題が

多くの心理学者の論文では、血液型の質問にも大きな問題があります。血液型特性を尋ねる質問は、かなりデリケートなものです。質問の内容によっては、出てくる結果もガラッと変わりかねない。たとえば、よく言われる「A型は几帳面」「B型はマイペース」という定番の性格なら、間違いなく差が出るでしょう。しかし、あまり聞いたことのない特性を選ぶと、差は出にくくなってしまいます。

実は、現在の血液型と性格の多くは、「血液型人間学」の提唱者、能見正比古氏が作り上げたものがベースとなっています。最近の研究者たちは、彼の考えを参考にしている感じは、あまりしません。つまり、新しい質問を作るのは、少なからず冒険で、信頼できる結果は期待できないかもしれないのです。

また、年齢や性別、そして時代背景を無視して、そのまま調査データを比較している研究もたまに見かけます。現実の体験でお分かりかと思いますが、血液型より男女や年齢の影響の方がはるかに大きい。このことはデータでも裏付けられています。[★7]

このように、関連性をきちんと調べるためには、質問項目の語句は相当慎重に考える必要があります。常識的にも、よく言われる「几帳面（A型）」「マイペース（B型）」「おおらか（O型）」「二重人格（AB型）」なら差が出るでしょうが、あまり聞いたこともないような特徴を選んだなら、差は出ないか、かなり小さいものとなるでしょう。運悪く？たまたま差が小さい質問を選んでしまったなら、差がないように見えるのも当然のことなのです。

参考までに、文教大学情報学部の学生が２００７年に調べた血液型のイメージ[★13]がどうだったかを紹介しておきます（次頁の図、数値の合計は１００％に調整済）。あまりにもイメージが薄い質問では、回答にほとんど差がなくなってしまうことは、考えるまでもないでしょう。

また、１５７〜１５８頁には、差が出なかった質問の例（縄田氏）と、差が出ている質問の例（渡邊[★10]、山岡氏[★14]）を示しておきます。ぜひ読み比べてみてください。どうやら、抽象的な質問よりは、日常的にどうなのか例をあげて質問すると差が出やすいようです

各血液型のイメージ

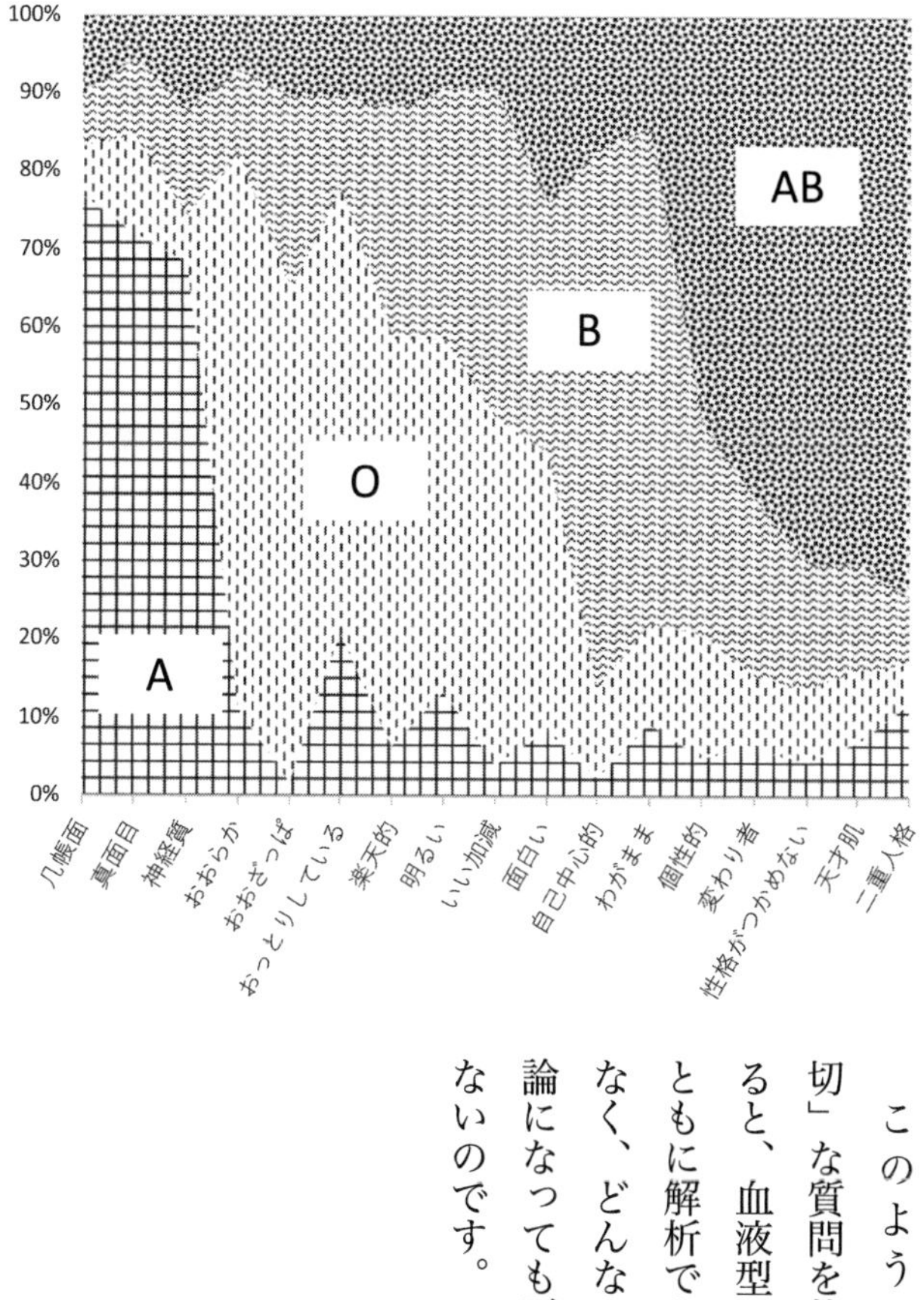

ね。

このように、「不適切」な質問を使ったりすると、血液型の特徴をまともに解析できるはずもなく、どんなおかしな結論になっても不思議ではないのです。

【まとめ】

・心理学者は関連性を認めないという〝公式発言〟とは逆に本当は肯定的
・差が出る「有名」な特性とは、例えば次のようなもの
Ａ型　几帳面、神経質
Ｂ型　マイペース
Ｏ型　おおらか、おおざっぱ
ＡＢ型　二重人格
・自分の性格についてのアンケート調査なら、必ず血液型によって差が出る
・マイナーな特性や性格と関係ない質問では、血液型による差が出ないことも多い

★1　Shoko Tsuchimine et al., ABO Blood type and personality traits in healthy Japanese subjects, PLOS ONE, 2015.
★2　Yao Hou et al., Assortative mating on blood type: Evidence from one million Chinese pregnancies, PNAS, 2022.
★3　Donna K. Hobgood, ABO B gene is associated with introversion personality tendancies

through linkage with dopamine beta hydroxylase gene, Medical Hypotheses, 2021.

★4　Hui Yang et al., ABO genotype alters the gut microbiota by regulating GalNAc levels in pigs, Nature, 2022.

★5　Youwen Qin et al., Combined effects of host genetics and diet on human gut microbiota and incident disease in a single population cohort, Nature Genetics, 2022.

★6　Esteban A. Lopera-Maya et al., Effect of host genetics on the gut microbiome in 7,738 participants of the Dutch Microbiome Project, Nature Genetics, 2022.

★7　Masayuki Kanazawa, Pilot analysis of genetic effects on personality test scores with AI: ABO blood type in Japan, Biology and Medicine, 2023.

★8　菊池聡「不可思議現象心理学９　血液型信仰のナゾ—後編」月刊『百科』１９９８年３月

★9　武藤浩二・長島雅裕ほか「教員養成課程における科学リテラシー構築に向けた疑似科学の実証的批判的研究」『科研費研究成果報告書（２０１０～２０１１年度）』２０１２年

★10　渡邊席子「血液型ステレオタイプ形成におけるプロトタイプとイグゼンプラの

役割」『社会心理学研究』１９９５年
★11　山岡重行「血液型性格判断の差別性と虚妄性（自主企画②）」『日本パーソナリティ心理学会発表論文集』２００９年
★12　Masayuki Kanazawa, Relationship between ABO blood type and personality in a large-scale survey in Japan, International Journal of Psychology and Behavioral Sciences, 2021.
★13　「性格と恋愛にみる血液型効果」２００８年2月　文教大学情報学部　社会調査ゼミナール研究報告　情報学部広報学科３年　松崎宏美　［サンプル　文教大学情報学部学生１４０人　２００７年10月末現在］
★14　山岡重行『ダメな大人にならないための心理学』「第二夜　血液型性格診断に見るダメな大人の思考法―思いこみと勘違いのメカニズム」２００１年

【ミニ解説】血液型別特徴ランキング

次のランキングは、血液型に興味がある大学生649人に、自分の性格に当てはまるかどうかを調査した結果です（147～148頁の★10と★14）。どの質問も、自分の性格にもっとも当てはまる場合は5、全く当てはまらない場合は1の5段階での評価を行い点数化してあります。①A型の慎重さ、②B型のマイペース型、③O型の目的志向性、④AB型の二重人格などの有名な特性が、かなりよく当てはまっていることがわかります。

なお、グラフにpとあるのは、危険率と呼ばれる数値ですが、偶然で起こる確率と考えてもかまいません。統計学では、この数値が5％より小さいと、偶然ではないと判断することになっています。見たとおり、これらの「有名」な特徴は、すべて5％を下回っています。つまり、少なくとも**統計的には、血液型と性格に関連性があることは疑いのない事実と考えてよい**ことになります。

（拙著『血液型人間学のエッセンス』を一部改変）

①慎重さのランキング

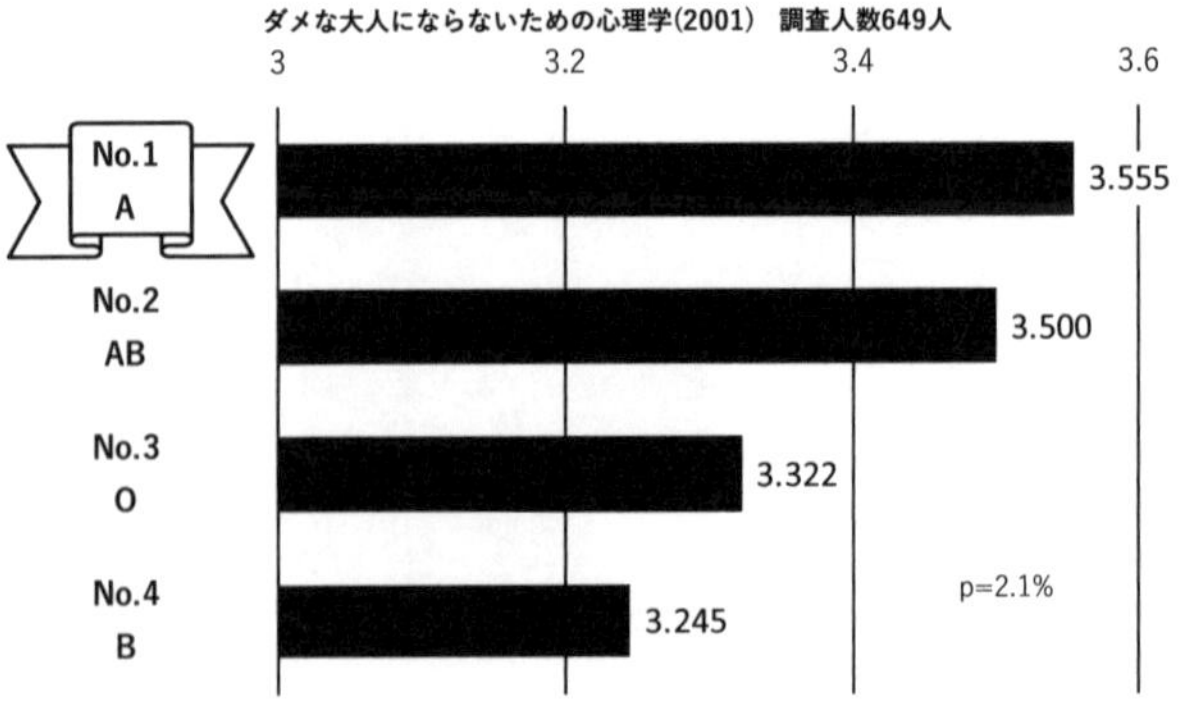

ダメな大人にならないための心理学(2001)　調査人数649人

②マイペース型のランキング

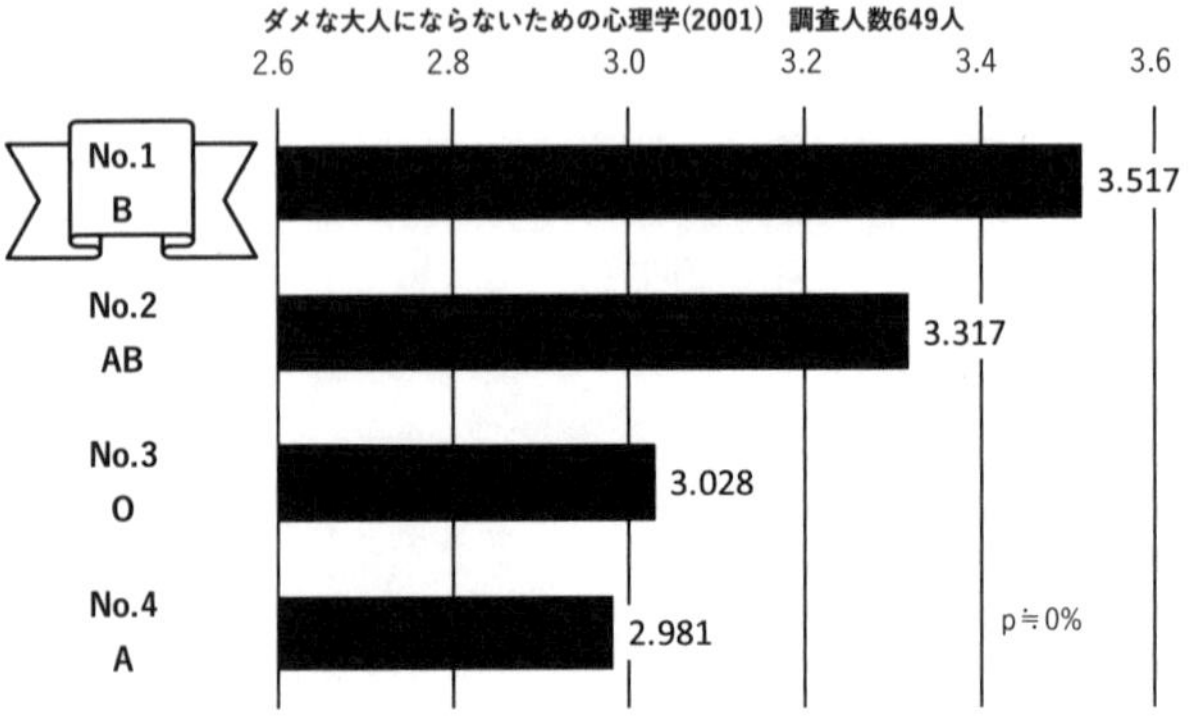

ダメな大人にならないための心理学(2001)　調査人数649人

血液型の典型的な特性を、自分が当てはまるかどうか回答してもらった結果。すべての場合において、その血液型のスコアが最高値を示している（1/2)。

③目的志向性のランキング

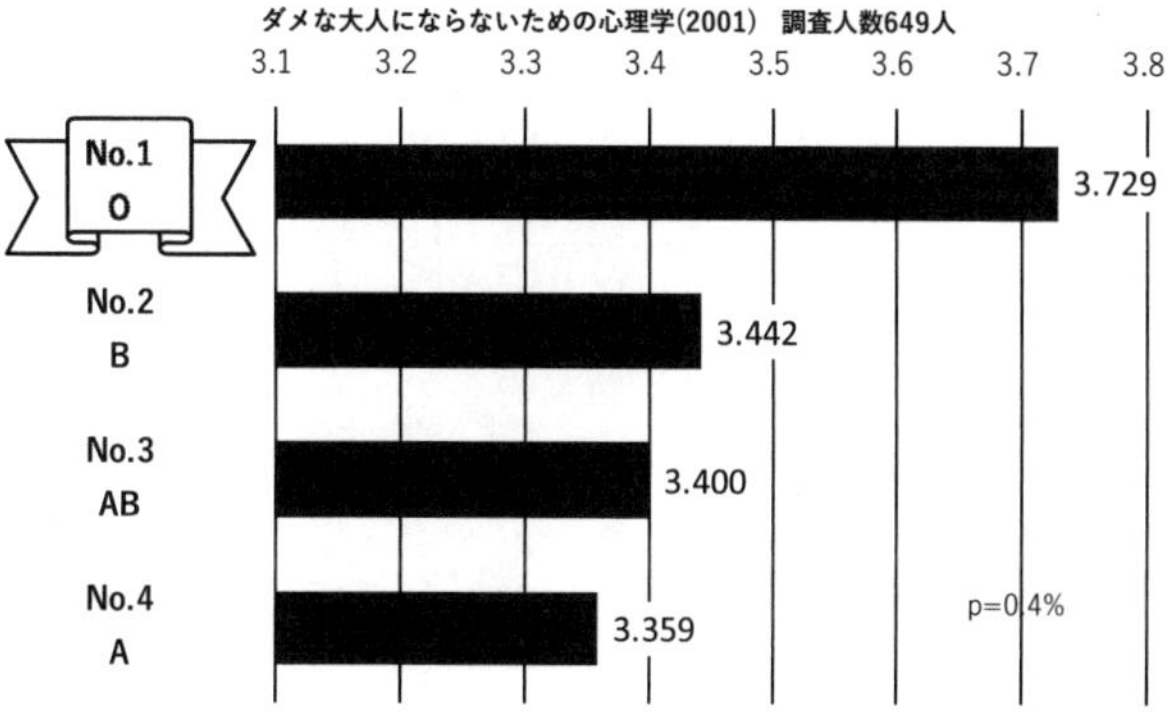

④二重人格のランキング

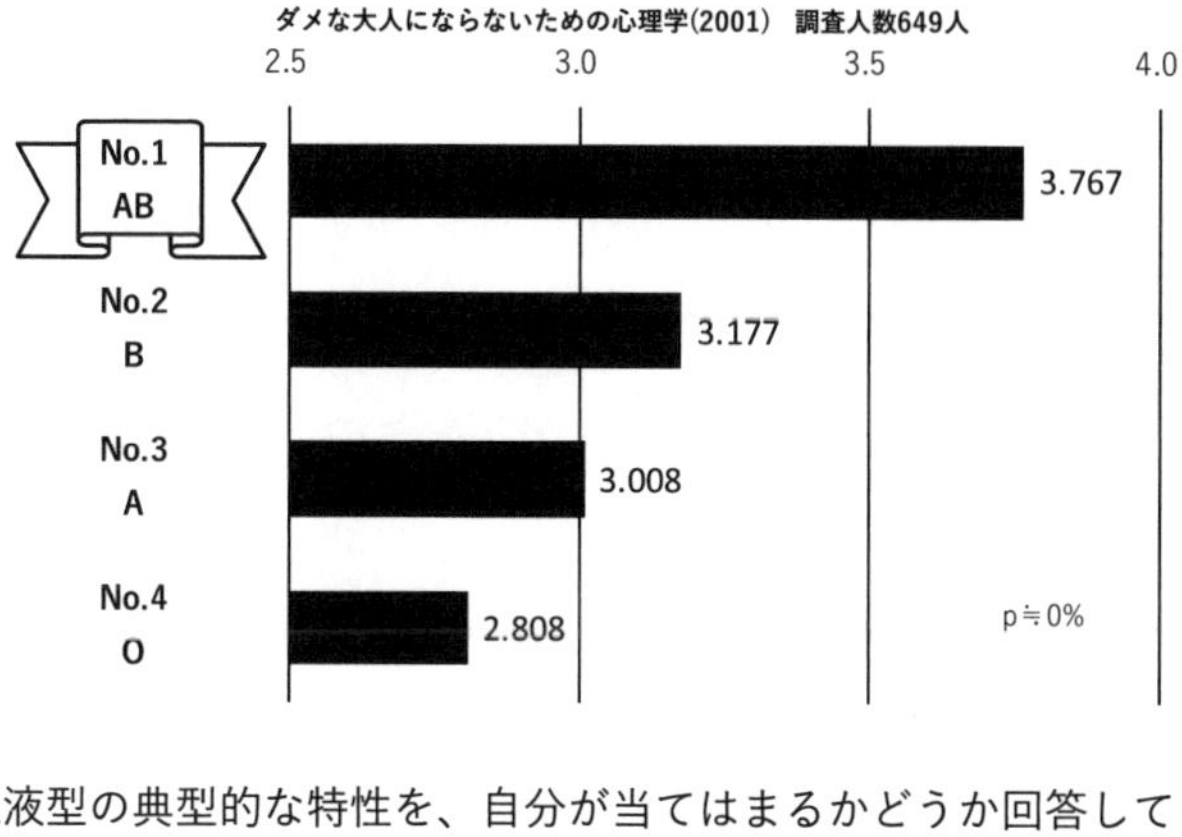

血液型の典型的な特性を、自分が当てはまるかどうか回答してもらった結果。すべての場合において、その血液型のスコアが最高値を示している（2/2)。

【コラム】血液型による脳の働き方の違い

東海大学医学部の灰田宗孝教授（A型）は、ヒューマンサイエンスABOセンターとの共同研究に取り組んでいます。その中心的なテーマは、人の血液型が脳の活動パターンにどのように影響を及ぼすか、というものです。

この共同研究で用いられたのは「光トポグラフィー」という先端技術。このシステムを用いて、被験者の脳活動を特別な絵を見ながら観察した結果が、2017年5月2日のテレビ番組『林修の今でしょ！講座』で取り上げられました。

番組では、興味深い結果が示されました。A型の人々は、論理的思考を中心とする左脳が活性化しやすく、一方、B型の人々は、感覚的思考を中心とする右脳が活性化するというデータが得られたのです。さらに、O型は右脳と左脳が交互に、AB型はほぼ同時に活性化するという独自のパターンが観察されました（口絵10頁）。

この研究のほかにも、韓国の研究で、血液型が脳波にも影響を及ぼす可能性が指摘されていることも紹介されていました（Choong-Shik Kim et al., 2011）。

第八章　心理学にタブーは存在するのか

大規模調査では圧倒的に肯定的

心理学の教科書的には、血液型と性格の関連性を扱うことは、ちょっとしたタブーのようになっています。まず最初に、このことについて説明しておきましょう。

多くのアンケート調査では、日本人の少なくとも半数以上は、血液型と性格の関連性を感じているという結果が得られています。[★1] 前章の繰り返しになりますが、そういうことですから、「A型は几帳面」「B型はマイペース」のような有名な特性なら、どのアンケート調査でも、必ず言われているとおりの差が出ているはずです。

当然のように、「血液型と性格」に関する大規模調査でも、この傾向はしっかりと継続しています。興味深いのは、次頁に示す上位10位までの調査結果のうち、9件（90％）もの調査が、肯定的な結果を出しているという点。のべ人数ベースだと、40万6852

「血液型と性格」調査人数ランキング　上位１０位まで

順位	調査者	発表年	調査人数	有効人数	差	質問
1 位	武藤・長島他★	2012	230,800	138,500	○	性格
2 位	能見正比古★	1981	50,000	←	○	性格他
3 位	金澤正由樹	2023	36,100	33,676	○	性格
4 位	山崎・坂元	1991	32,347	←	○	性格
5 位	P. J. ダダモ★	2001	20,635	←	○	性格
6 位	松井豊	1991	11,766	←	○	性格
7 位	**縄田健悟**	**2014**	**11,729**	**9,722**	**×**	**生活他**
8 位	山岡重行	2009	6,660	←	○	性格
9 位	DIMSDRIVE★	2004	4,094	←	○	性格他
10 位	市川千枝子★	2009	2,721	←	○	性格
合計	−	−	406,852	310,121	−	−

デジタル時代の「血液型と性格」（2021）を一部修正

★は心理学以外の調査、○は差が出た調査、×は差がない調査（**太字**）

論文名は参考文献を参照

人中、39万5123人（97％）なので、圧倒的に肯定的な結果が得られているといってもよいでしょう。

たとえば、この表の第1位で、調査の対象が約23万人と最大の武藤浩二・長島雅裕氏らの報告書[★2]には、「血液型と性格に関する解析では、［血液型に性格の差がある第4位の山崎・坂元氏らの」過去の研究結果を拡張することができたとともに、21世紀以降のデータでは、**血液型ごとに性格の自己申告について有意な差が出る**」とあります。

この武藤氏らの研究のベースとなった、第4位の山崎・坂元氏の報告でも、「血液型と性格の自己報告との間の相関は、弱いが認められた」とあります。ほかの調査でも基本的に同じです。

実は、この表にはちょっとしたミステリーがあります。第7位にランクインした縄田健悟氏の論文（**太字**）が、他とは少し異質な結果を示しているのです。というのも、この論文では、他とは違って、血液型と性格に関する差が見られなかったというのです。

さらに詳しく見てみると、縄田氏のアンケートの質問は、お金やライフスタイルに焦点を当てたもので、直接的な「性格」に関する質問は皆無。一方、他の9件の調査には、明確に性格に関する質問が織り込まれていました。なるほど、ここで一つのポイントが見えてきます。縄田氏の調査で性格の差が出なかったのは、単純に性格に関する質問がなかったから（157頁）。

更に奇妙なことに、この縄田氏の論文には、表の第4位の山崎・坂元氏らの「関係ある」という結果が紹介されています。実は、この研究で分析した質問項目は主に生活態度に関するもので、**心理学で扱われているような性格の測定を目的として測定されたものではなかった**、とわざわざ氏自身による注釈が付いています。**つまり、彼の論文では、血液型で差がなかったのは「性格」ではありません。**それにもかかわらず、論文のタイトルが「血液型と性格の無関連性」なのは、悪い冗談としか考えられません。

タブーが存在する証拠

皆さんは、日本の心理学の世界には、ちょっとした「秘密」がある、ささやかれたら、どう反応しますか。実は、血液型と性格の関連性について、なんとなく触れるのがタブーとされる雰囲気が漂っているのです。えっ、本当にと思った方に、事実をこれからお伝えします。

繰り返しになりますが、154頁にある大規模調査を取り上げると、第7位の縄田氏の論文（**太字**）だけが、他とは違って、日本の心理学者たちから手堅く評価を受けています。一方、その他の研究、特に「血液型と性格には差がある」と報告しているものは、専門家たちのチェック（査読）を通っていないようなのです。私の調べた結果は、159頁の表のとおりとなります。これはただの偶然でしょうか？

何度も繰り返していますが、心理学のデータとしては「差が明らか」というのが通常なのに、なぜか日本の学界では「差はない」という流れが強いのです。こうした特異な「空気」は気になりますよね。

【差がほとんど出なかった縄田氏の質問】★3

1. 日頃の生活の中で充実感を感じている
2. ほかの人の生活水準を意識している
3. 一旦，高い生活水準を味わうと，それを下げるのは苦痛だ
4. 楽しみは後にとっておきたい
5. 自分は盗難にあうことはない
6. できるだけ質素な生活をしたい
7. お金を貯めることが人生の目的だ
8. 将来，大きな出費や高額の買い物の予定がある
9. 子供や家族，親族にできるだけ多くの遺産を残したい
10. ギャンブルはすべきでない
11. 健康上の不安を感じている
12. 宗教を熱心に信仰している
13. 忙しくて先のことを考える時間がない
14. お金のことを考えるのははしたない
15. 現在の生活に精一杯でほとんど貯蓄ができない
16. 先のことは不確実だから考えても無駄だ
17. 老後が気にかかる
18. 子供の将来が気にかかる
19. 将来のことは家族や親族が考えてくれている
20. 周りの人と同じような行動をとっている
21. 仕事の場においてはグループの意見に従うべきだ
22. 家庭の場においては家族の意見に従うべきだ
23. 1人よりグループで協力して仕事する方が高い成果が得られる
24. “みんなで協力して目標を達成した”満足度は“自分ひとりの力で達成”より大きい
25. 仕事は生きがいにつながる
26. 仕事はお金を得るためのものだ

【差が出た山岡氏の質問の例】★4　　差…大（10pt 超）

1. 思慮深く、物事に対して慎重な態度をとる(A 型)
2. マイペース型で、周囲の影響は受けにくい(B 型)
3. 気分にムラがあって、ともすると２重人格のように見えることがある(AB 型)
4. 目的のためとあらば、最大限の勇気と根性を発揮する(O 型)

【差が出た山崎、坂元氏の質問の例】★5　　差…小〜中（5pt 程度）

1. 目標を決めて努力する(A 型)
2. 物事にけじめをつける(A 型)
3. 何かをする時には準備をして慎重にやる(A 型)
4. あまり物事にこだわらない(B 型)
5. 人に言われたことをあまりよく気にかけない(B 型)
6. どちらかといえば気がかわりやすい(B 型)

【差が出たネットの質問の例】★6　　差…大（10pt 程度）

1. あなたは、どのような友人を求めますか
2. 自分と最も気が合わない、あるいは苦手と思うのは次のうちどのようなタイプの人ですか

【差が出た私の質問の例】★1　　差…大（10pt 超）

1. 協調性がある(A 型)
2. 楽観的である(B 型)
3. おおらかな性格である(O 型)
4. 他人から性格を理解されにくい(AB 型)

「データに差がある」という主な論文・研究報告

	日本語	外国語（英語・韓国語）
日本人の査読あり	**なし 「ミステリーゾーン」 （投稿が全部不掲載？）**	なし （投稿がないと思われる）
外国人の査読あり	なし （投稿がないと思われる）	So Hyun Cho他（2005） In Sook Yoon他（2006） Beom Jun Kim他（2007） Sung Il Ryu 他（2007） ○土嶺章子 他（2015） ○金澤正由樹（2021-23）
査読なし	○山崎・坂元（1991） ○白佐俊憲（1999） ○山岡重行（2006） ○久保田健市（2007） ○工藤恵理子（2009） ○武藤・長島 他（2012）	Choong-Shik Kim他 （2011）［脳波の研究］ Yong Kee Kwak 他（2015）

○は日本人が執筆したもの　論文名は参考文献を参照

さらに、筑波大学の清水武氏の体験談も、そういう空気の存在を証明しています。彼の研究は、肯定的な結果が出てしまったがゆえに、学会誌に掲載が見送られたとのこと。

＊　＊

今後の［日本の心理学会の］研究論文は、［血液型と性格に関係があるという］関連説を肯定的に支持する内容が含まれる限り、全て掲載に値しないという判断が下される可能性が極めて高いことになる。やはり、**掲載を認める**

わけにはいかないという結論が先にあるように感じられる。

（清水武「心理学は何故、血液型性格関連説を受け入れ難いのか―学会誌査読コメントをテクストとした質的研究」『構造構成主義研究5』２０１１年）

＊　＊　＊

このように、アカデミックな立場の人々、特に心理学の舞台裏では、血液型に関しては極めてどことなく冷ややかな空気が流れていますよね。皆さんには、さらに驚きのエピソードをお伝えしましょう。実は、清水氏の論文の査読者からも、この潜在的なスタンスをうかがい知ることができるようなのです。

＊　＊　＊

血液型と性格を否定的に論じる現状が間違っており、著者の主張が正しい場合もある。アインシュタインの相対性理論の論文がレフリーペーパーにならなかったように、正しい論文が正当に評価されずに掲載されない可能性もある。しかし、**この論文は（仮に正しいとしても）現在の●●が掲載を認めるものではないと思われる。（●●は学会名）**

（清水武　前掲書より　第二査読者のコメント）

タブーの存在を痛感した出来事

もっと露骨なのは、まさに私のケースです。

皆さんは、10年ほど前から、科学論文の公開の仕方に、大きな変革が起こっているのをご存じでしょうか。その名も「プレプリント」。文字どおり、これは査読前の論文を指します。でも、なぜこんなステップを踏むのでしょう。そう、プレプリントの魅力はその速さと透明性にあります。論文を投稿した直後、遅くとも数日中にはその内容を「ほぼそのまま」公開できるのです。つまり、自分の研究成果を、待たずして一般の人々や専門家に公開することが可能となるのです。少し専門的になるので、チャットGPTによる分かりやすい説明を示しておきましょう。

＊　＊　＊

プレプリントは、まるで未来からの手紙のようなものです。研究者が新たな発見をしたとき、それを世界に知らせる前に通常、厳しい審査（査読）が待っています。これは時間がかかる上、非常に厳格なものです。しかし、プレプリントはその審査を待たずして、発見を全世界に知らせることができます。その結果、世界中の誰もが、その研究の成果を知ることができるのです。読者は新たな発見を即座に学び、反響を送ることができます。その反響が研究者に届けば、研究はさらに進化します。これは、まさに未来を予測する魔法のようなもの。新たな発見を急いで知りたいなら、プレプリントを読むのが一番です。

＊　　＊　　＊

ただし、プレプリントでは、内容のチェックは形式的にはされるものの、専門家による査読プロセスが省略されるため、信頼性や品質については慎重な評価が必要となります。

2023年に大騒ぎになった、超伝導物質LK—99のプレプリントなんかが典型ですね（もっとも、STAP細胞は正式な査読付き論文でしたが……）。ネットの情報だと、この物質を開発したとされる、クォンタムエネルギーセンターの住所を訪れてみると、なんと地下倉庫しかなかったそうです。おかしいと思って問い合わせたら、別の事務所には職員がいるが、取材に応じるのは難しいと断ってきたとのこと。パートナー企業として紹介されていた、サムスン、LG、ポスコなどの名だたる韓国大企業に確認してみても、どこも共同研究をしたことがないと回答。まあ、こういっちゃなんですが、相当いい加減な論文でも掲載されるようです。

では、血液型と性格のプレプリントはどうでしょう？　私の経験だと、**10件近く英語の論文を複数の海外サーバーに投稿してみましたが、すべてパスしました**（笑）。目安としては、２営業日（土・日・祝日を除く）ぐらいで「ほぼそのまま」掲載されます。ところが、**文科省が鳴り物入りで立ち上げた、日本のＪｘｉｖというプレプリントサーバーに日本語で投稿したところ、なぜか3週間後に次のような返事があり、理由不明？でボツになりました。**

＊　　＊　　＊

Ｊｘｉｖにご投稿頂きましたプレプリント「ＡＢＯ血液型と性格特性：日本の大規模調査による実証的論拠」についてお知らせいたします。

Ｊｘｉｖは投稿規約に記載しているとおり、科学を取り扱った科学的な論文を公開します。すなわち過去の知見をもとに、自分の主張や証明を提示し、新しい知見を得てそれを論理的に示すものであることが要求されます。なお、ここでいう科学とは、人文学・社会科学を含む広義のものです。貴論文は上記を満たすための記載が不十分であるため、公開不可と判断されました。

このようなお知らせをすることは残念ですが、貴殿の研究の発展をお祈り申し上げます。

つまり、**「血液型と性格」の研究は、日本語ではプレプリントでさえもダメ**ということです。これで、英語なら何の問題もなくパスする内容でも、日本語で日本人の学者が相手なら、確実に門前払いになるということが実証されました！　もはや、疑いの余地はありません。余談ですが、私の査読付き英語論文は、一応は「まとも」なジャーナルにも掲載されています。[★7] なお、このジャーナルには、東大医学部附属病院などの論文も掲載されています。

＊　＊　＊

ということですので、残念ながら、真面目に「血液型と性格」を研究するなら、日本語で発表してはいけないようです。少なくとも、何らかのチェックが入った時点で、100パーセント確実に、即刻門前払いになると言ってもいいでしょう。

【まとめ】

・外国では「血液型と性格」に肯定的な論文は意外とある

・日本の心理学者の〝公式見解では「血液型と性格」に極めて否定的なため、肯定的

な内容の論文なら、何らかのチェックが入った時点で必ずはねられる

★1　Masayuki Kanazawa, Relationship between ABO blood type and personality in a large-scale survey in Japan, International Journal of Psychology and Behavioral Sciences, 2021.

★2　武藤浩二・長島雅裕ほか「教員養成課程における科学リテラシー構築に向けた疑似科学の実証的批判的研究」『科研費研究成果報告書（２０１０〜２０１１年度）』２０１２年

※対象人数は、約7千人×33年間＝約23万人と推定。詳細は、前著『デジタル時代の「血液型と性格」』を参照。なお、この研究は縄田氏とは反対に、２０００年以降も差が出ている。

★3　縄田健悟「血液型と性格の無関連性――日本と米国の大規模社会調査を用いた実証的論拠――」『心理学研究』２０１４年

★4　山岡重行『ダメな大人にならないための心理学』「第二夜　血液型性格診断に見るダメな大人の思考法」２００１年

★5　山崎賢治・坂元章「血液型ステレオタイプによる自己成就現象——全国調査の時系列分析——」『日本社会心理学会大会発表論文集』１９９１年

★6　インターワイヤード　ＤＩＭＳＤＲＩＶＥ「あなたの行動や思考と対人関係に関するアンケート」２００４年

★7　Masayuki Kanazawa, Pilot analysis of genetic effects on personality test scores with AI: ABO blood type in Japan, Biology and Medicine, 2023.

【コラム】韓国の血液型

韓国では、兵務庁が徴兵対象者の血液型の調査データを毎年公開しています。[★1] ２０２１年の数字は表のとおりとなります。日韓の血液型構成は似通っていますよね。その理由ですが……

約2万年前に氷河期が終わると、当時の朝鮮半島の人々は、温暖化で北に移動したようです。その後7、8千年前ぐらいまでは、ほぼ無人だったことが、炭素14法で裏付けられました(次頁)。[★2] これは、拙著『古代史サイエンス』にも書いたように、その後、半島南部に縄文人や弥生人が移住した可能性を示しているのです。

韓国兵役庁の調査（2021年）

血液型	人数	比率
A	87,707	34.5%
B	68,860	27.1%
O	68,616	27.0%
AB	29,173	11.5%
計	254,356	100.0%

★1　https://kosis.kr/statHtml/statHtml.do?orgId=144&tblId=TX_14401_A043

★2　Chuntaek Seong et al., Moving in and moving out: Explaining final Pleistocene-Early Holocene hunter-gatherer population dynamics on the Korean Peninsula, Journal of Anthropological Archaeology, 2022.

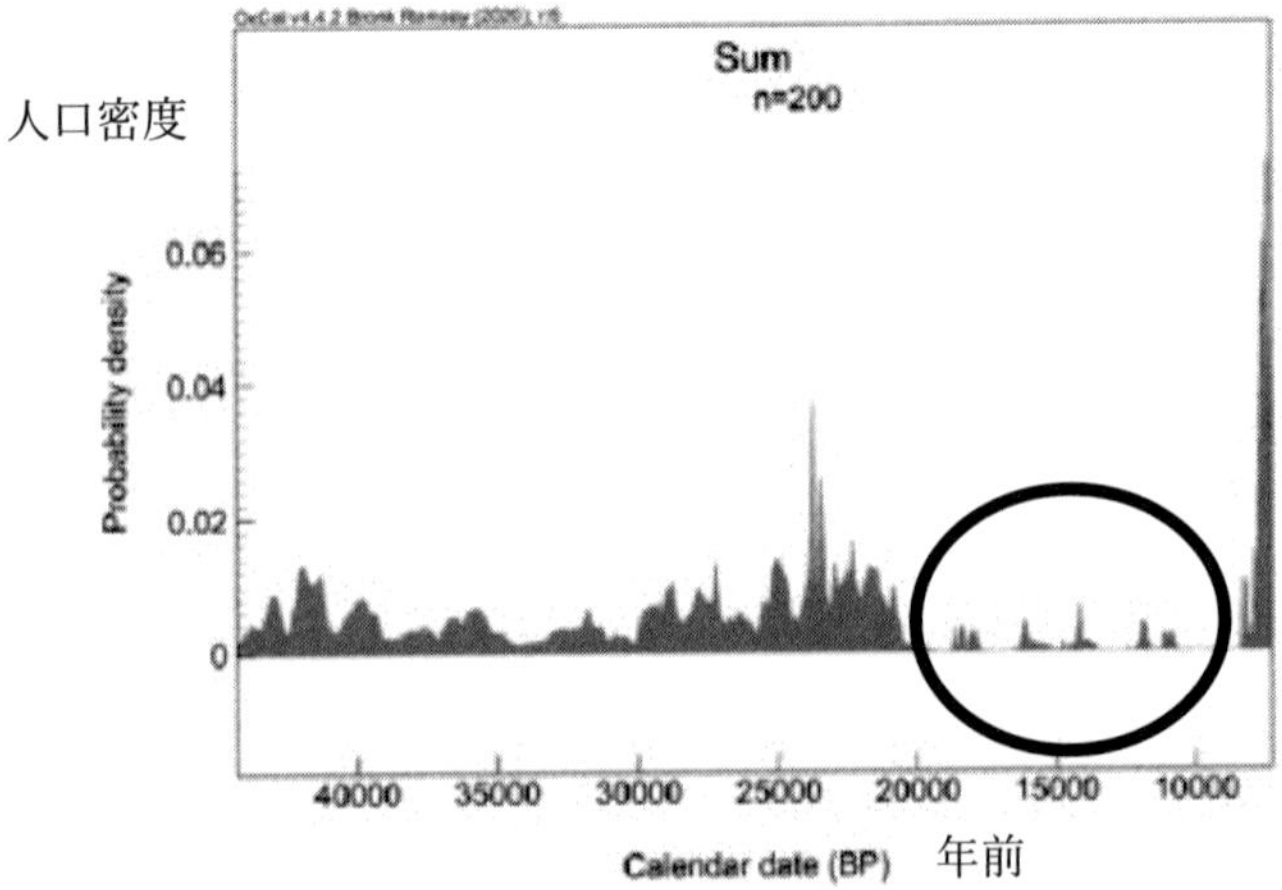

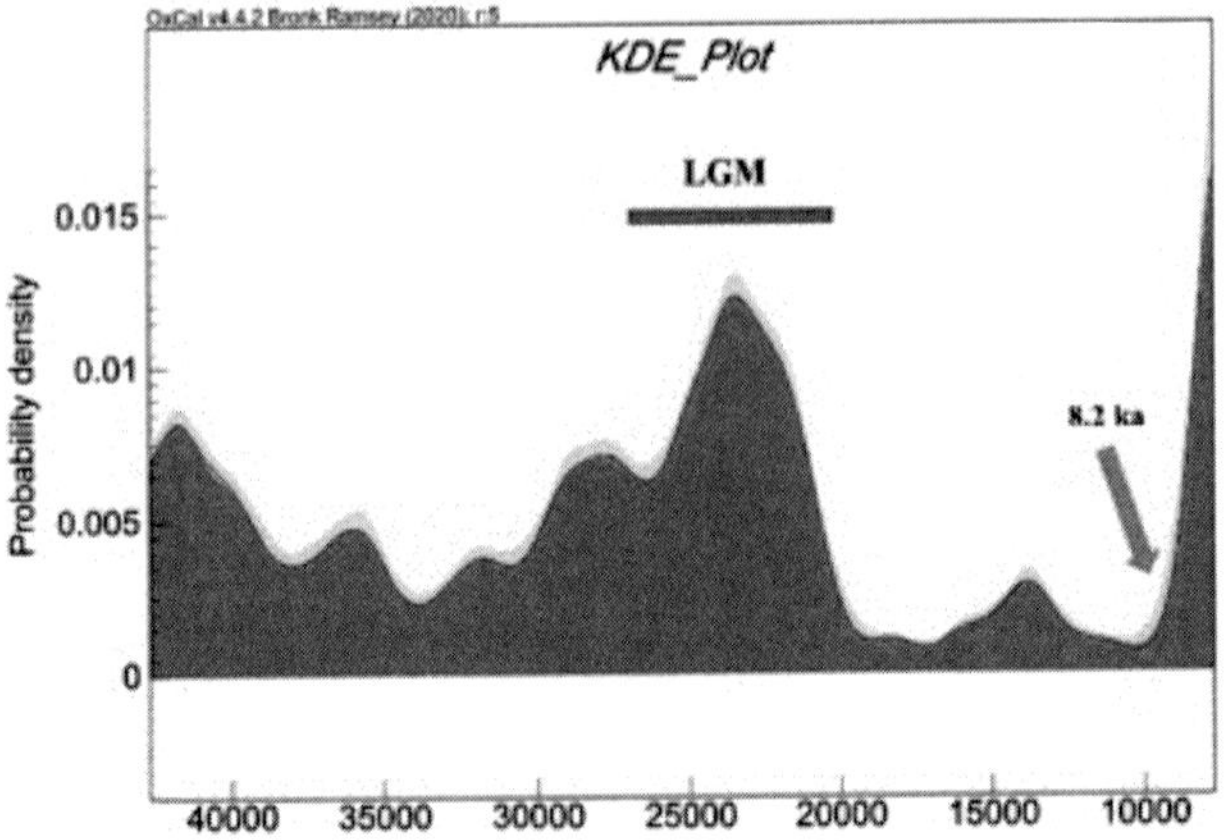

約２万年前に氷河期が終わり、それまでの朝鮮半島の住民は北に移動。その後７、８千年前ぐらいまで、事実上無人となった。

第九章　ＡＩと３００万人のデータによる検証

ＡＩで血液型を当てる方法

世の中では、最新のＡＩ（人工知能）を使ったチャットＧＰＴが大きな話題になっています。そのせいかどうか、チャットＧＰＴ３・５が公開された２０２２年11月から、私のＡＩ関係の論文のアクセスが突然倍以上に急上昇しました（残念なことに、半年後には元に戻りました）。それだけではなく、突如として、一流科学誌の出版元から、論文投稿依頼のＤＭも来ました。以前は、「血液型と性格」をＡＩで分析するなんて……と白眼視されていたのがウソのようです。

この章では、データに基づいた研究の集大成として、今話題沸騰中のＡＩを血液型に適用した興味深い結果をお届けします。ちょっとした遊び心を持って、楽しく読み進めてみてくださいね。

さて、ＡＩという言葉に違和を抱く方もいるかもしれませんが、基本的に複雑なことを想像する必要はありません。人間が行っていたタスクをコンピューターに代わって行わせる、それがＡＩの役割です。

ＡＩで血液型を予測するには、基本的にはこんなことをすると思ってください。

①血液型の特徴が出そうな質問でアンケートの調査票をつくる
②アンケート調査をして大量の回答データを集める
③集めた回答を分析する

一昔前は、まとまった回答データを集めるのが、まるで巨大な山を乗り越えるかのような大仕事でした。何千人ものアンケートを手がけるためには、とんでもない時間と資金が必要だったのです。しかし今日、インターネット調査の普及により、そのコストは大きく削減。個人でも気軽にデータ収集が手がけられる時代に変わりました。本当に、技術の進化は驚異的です。

ＡＩの登場以前には、データ解析ももう一つのハードルでした。確かに、基本的な計算であれば表計算ソフトで間に合いますが、血液型予測のようなテクニカルな分析には、高価な専用ソフトが不可欠でした。しかし、ＡＩ技術の進化はその障壁を取り払いました。データを集め、専用のコンピューターシステムに一任するだけで、精緻な分析が可能となっています。

試しに、アマゾンやマイクロソフトのＡＩをテストしてみたところ、正解率は40％台中盤になりました（口絵11〜12頁）。血液型は４種類ですから、偶然当たる確率25％を大きく上回る数字です。ただ、全回答をＡ型とするだけでも、日本人の中では38・１％の的中率が期待できるので、この結果は評価が分かれるかもしれませんね。

ここでは、新たな試みとして、性格テストの妥当性をＡＩを使って検証してみました。結論ですが、よくこんな方法で、血液型と性格を否定できたなあ……というのが正直な感想です。常識的に考えても、性格を自己申告させ、生データをそのまま分析したところで、正確な結果が出るはずがありません。

また、現在最も一般的な「ビッグファイブ」性格テストは、現在よりはるかに貧弱な性能のコンピューターを使い、数百人の基礎データをベースにデザインされたため、設計の古さは隠せません。[★1★2] 血液型は、そんなウィークポイントの存在を、誰の目にも明らかにしているのかもしれませんね。

その1　性格テストの妥当性のチェック

私のこの研究★3は、英科学誌ネイチャーなどの論文で得られた計60万人以上のデータに、日本人３２００人を対象に行った性格テストを合わせて一体的な解析を展開したものです。研究には、最新の心理学理論とともに、マイクロソフトのＡＩシステムを活用しています。

具体的なアプローチとしては、ＡＩに性格テストの結果や血液型の特性を学習させ、参加者の血液型を予測させました。偶然の最大確率は、今回のサンプルで最も多かったA型の37・８％となります。これより明らかに正解率が高いのは、血液型特性を使った場合だけです。このため、最新ＡＩを用いた解析で、性格テストの結果には血液型の差が反映しにくいことが裏付けられました（口絵13頁や１７４頁）。

細かい話をすると、「ビッグファイブ」と称される現代の主流である性格テストには、血液型の特性を反映する質問がほとんど含まれていません。そして、わずかに存在する血液型に関連する質問も、最終的な５つの性格因子にまとめる統計処理を経ると、意味のある差として現れにくくなってしまうのです【注】。

対して、血液型の特性とされる質問の回答では、どの血液型でも、自分の血液型に「当てはまる」という数値が、他の血液型より大きくなりました。これらはすべて統計的に意味がある差であり、今回の大規模調査において、血液型と性格の関連性を明確に実証したものと言えます。

【注】たとえば、この研究のビッグファイブ性格テスト「ＢＦＳ」の質問項目は60問です。このうち、血液型と明確に関係していたものは3問だけでした。では、なぜ血液型に関連する項目は、性格テストにはほとんど含まれないのでしょう。それは、血液型による差は予想外に少ないからです。性格テストの項目に選ばれるには差が大きいことが必要なため、男女差などが大きい他の特性に負けて、「問題外」としてふるい落とされてしまうのです（口絵13頁や次頁）。

過去の一貫していない性格テストの結果（１８８頁）については、年齢や性別の違いがその大きな要因として挙げられるでしょう。実際、これらの「ばらつき」が性格テス

性格テストなどの結果を学習させたAIの血液型正解率の例

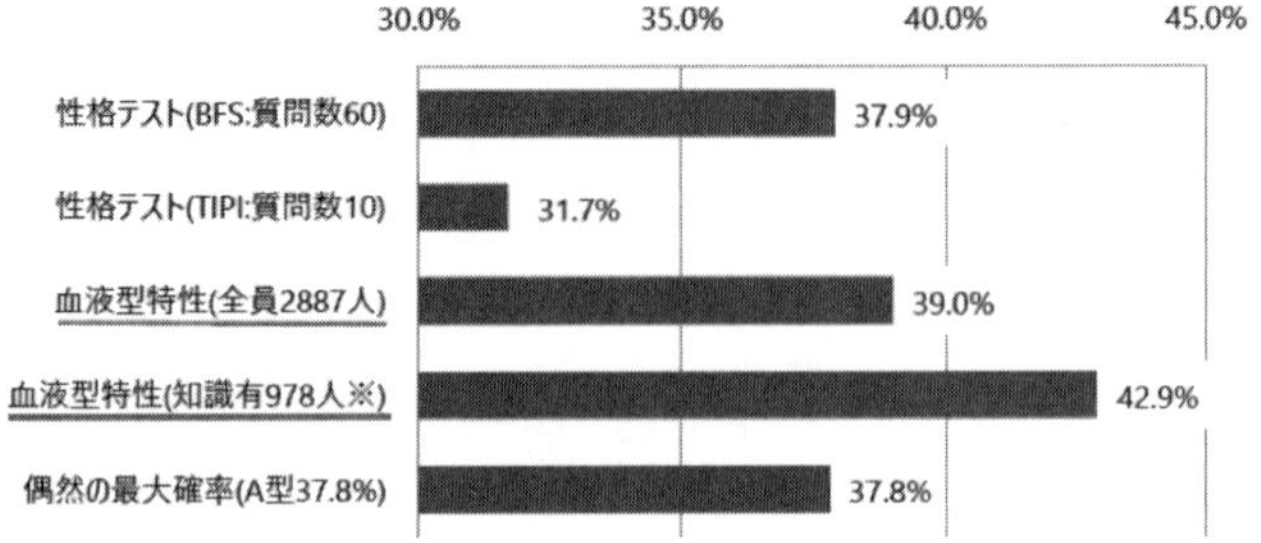

質問に使った血液型の特性

A 型	神経質※、几帳面※
B 型	マイペース、自己中心的※
O 型	おおらか、おおざっぱ
AB 型	性格が理解されにくい、二重人格

※性格テスト（BFS：全体の質問数 60）に含まれるもの

性格テストの血液型別の結果

性格テスト	全体の質問数	うち血液型関連	性格因子の数（各 12 の質問）	うち血液型で差が出たもの
BFS	60	3	5	1
TIPI-J	10	0	5	0
（血液型の特性）	(8)	(8)	（4 つの型）	(4)

性格テストの血液型別の結果（上記 BFS の血液型関連 3 問の内訳）

単独の質問	単独の質問での統計的な差	含まれる性格因子	その性格因子の統計的な差
几帳面(A 型)	○あり	誠実性(C)	○あり
神経質(A 型)	○あり	情緒不安定性(N)	×なし
自己中心的(B 型)	○あり	調和性(A)	×なし

トの矛盾した結果を生む元凶となっている可能性が高いのです。

次頁に、しばらく前に行った、20代から50代の男女の合計4千人にインターネットのアンケート結果を示しておきます。★4 この調査は、自分の性格にとてもよく当てはまる場合は7、まったく当てはまらない場合は1の7段階での評価を行い点数化したものです。

たとえば、「おおざっぱ」はO型の特徴とされています。事前の予想としては、O型の点数が最も高く、A型は一番点数が低いということになります。では、現実の男女別と年齢別のデータを見てみましょう。■と●の点が実際のデータ、太い線が傾向です。

なお、「多項式」とあるのは、それぞれのグループの傾向を示しています。

血液型の傾向を見ると、20代中盤のO型とA型の数値はほぼ同じです。しかし、そこから離れるにつれて差が拡大する傾向が見て取れます。また、性別に関係なく、50代後半からは数値が急激に減少します。男女差はもっと不思議で、女性は20代からゆるやかに減少しますが、50代になると減少傾向が加速し、ついには男性を逆転します。これに対して、男性では年齢にかかわらずほぼ数値は一定です。

より興味深いことに、「性格感度」という要素も影響しているようです。これは、私

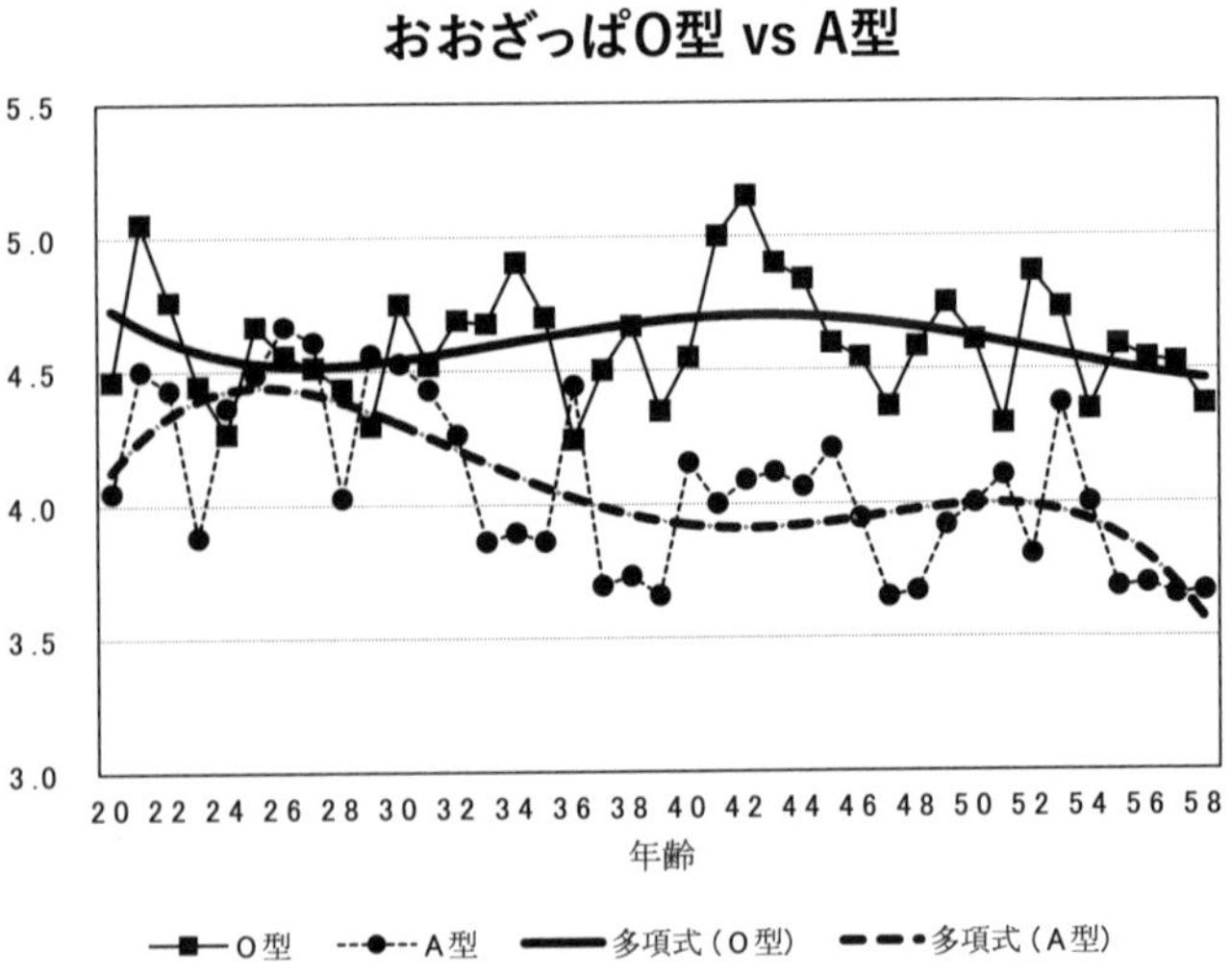
おおざっぱO型 vs A型
5.5
5.0
4.5
4.0
3.5
3.0
20 22 24 26 28 30 32 34 36 38 40 42 44 46 48 50 52 54 56 58
年齢
O型
A型
多項式（O型）
多項式（A型）

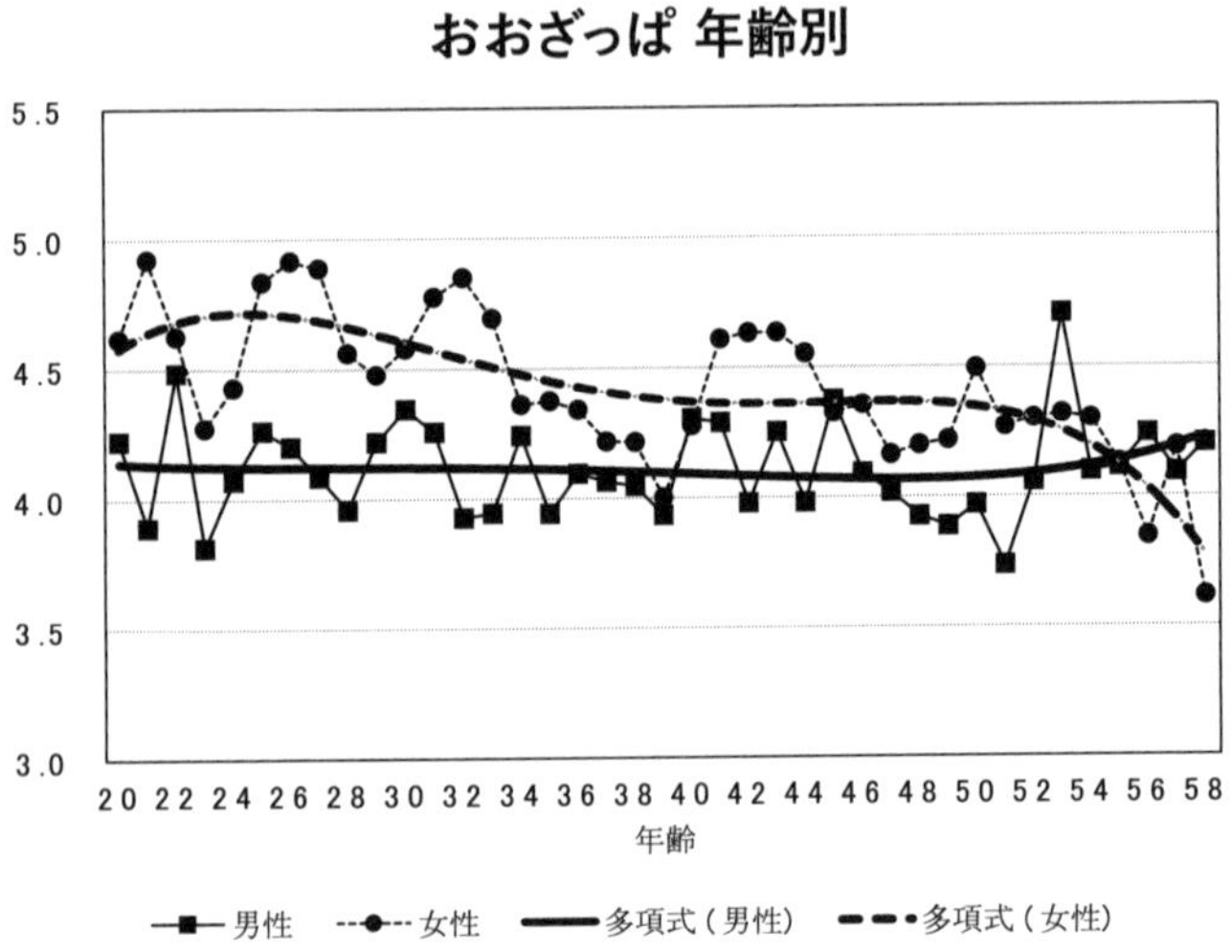
おおざっぱ 年齢別
5.5
5.0
4.5
4.0
3.5
3.0
20 22 24 26 28 30 32 34 36 38 40 42 44 46 48 50 52 54 56 58
年齢
男性
女性
多項式（男性）
多項式（女性）

たち一人一人が性格を感じ取る感度が異なるということ（口絵14頁と次頁）。たとえ性格テストのスコアが同じであっても、実際の性格が異なることがあるのです。[★5] このほかにも、国民性や社会・文化的な影響も無視できないと思います。実際に我々が血液型の差を感じるのは、無意識的にそういう差を補正しているのかもしれません。

話は少し変わりますが、皆さんは「ＴＣＩ」という性格テストをご存じでしょうか。ビッグファイブとは一線を画すこのテストの結果は、現在オープンデータとして公開されています。[★6] このデータも合わせて解析を行い、さらなる発見を試みました。詳しい内容は、私のこの論文[★3]で詳しく解説しています。興味を持たれた方は、ぜひ一度目を通してみてくださいね。

○血液型予測の結果と質問項目（その１）

［使用データ］３２００人のインターネット調査（２０２３年）20代から50代の日本人男女

［学習データ］データの30％

［予測対象］　データの70％

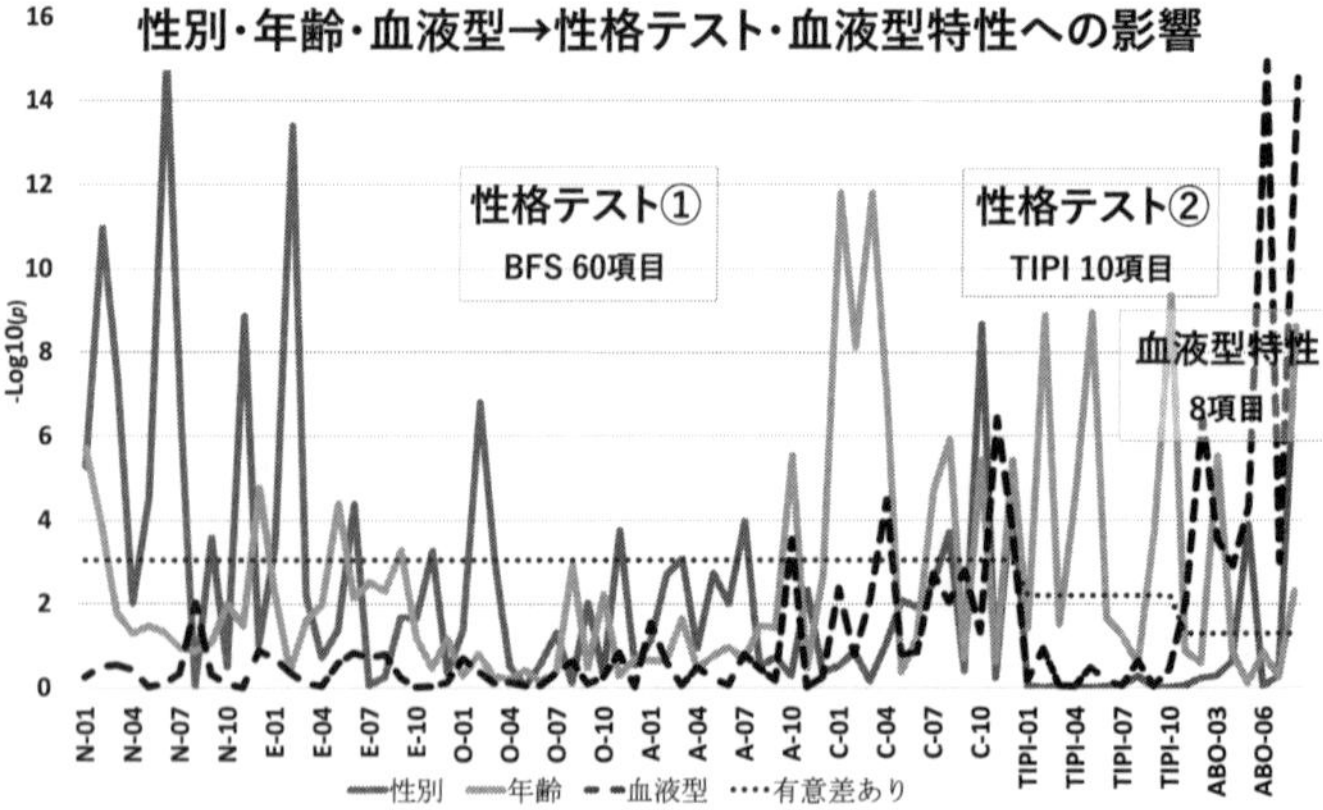

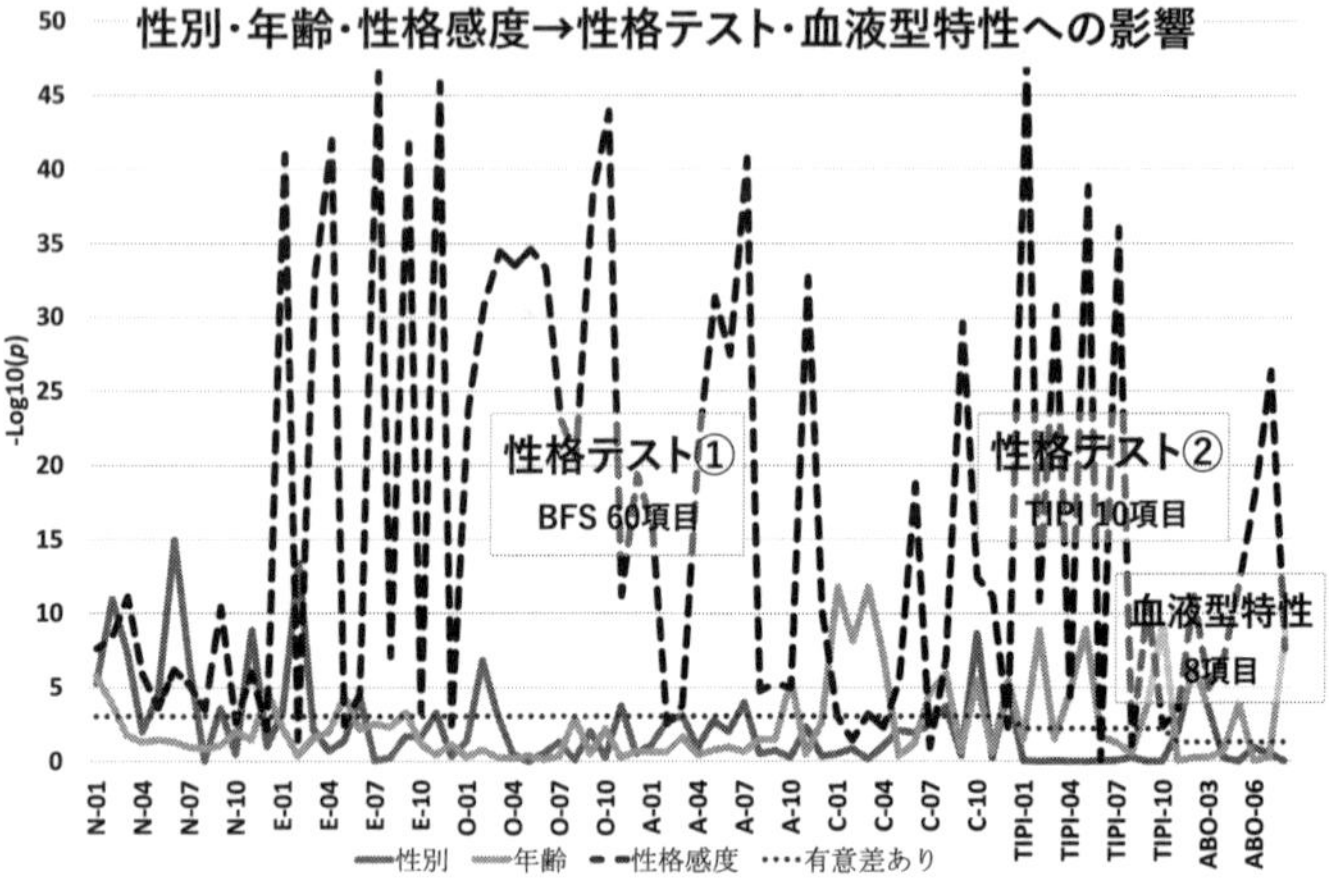

性別・年齢・性格感度は、血液型より性格テストの回答に大きく影響するため、血液型による差は出にくい。一方、血液型特性は、性別、年齢、性格感度の影響が小さく、血液型の差が出やすい。
出所　Kanazawa, Biology and Medicine (2023)

［正解率］　最大42・９％

［質問項目］
1　几帳面（Ａ型）
2　性格が理解されにくい（ＡＢ型）
3　マイペース（Ｂ型）
4　二重人格（ＡＢ型）
5　おおらか（Ｏ型）
6　自己中心的（Ｂ型）
7　おおざっぱ（Ｏ型）
8　神経質（Ａ型）

その２　日米韓の国際比較

私の別の研究[★7]では、最近発表された英科学誌ネイチャーや全米科学アカデミー紀要ＰＮＡＳ、そして日本の学術論文などの合計３００万人以上のデータ、さらにそれを補完

血液型特性に対する回答結果（日本人）

特性	回答者全体の平均点数(2,887 人)			
	A 型	B 型	O 型	AB 型
A 型	**4.30**	4.04	4.12	4.04
B 型	4.08	**4.38**	4.20	4.26
O 型	4.00	4.09	**4.38**	4.03
AB 型	3.41	3.60	3.57	**3.98**

する日本2000人と韓国500人の性格テスト結果を一体的に解析しました。解析に当たっては、現代の心理学理論を駆使し、その1と同じくマイクロソフトのAIを活用しています。

AIモデルの精度を示す一般的な指標はAUCです（ミニ解説195頁参照）。この数字が高ければ、予測の正確さが高いと言われます。注目すべきは、この研究で明らかになった、性格テストと血液型特性のAUCの違いです。

算出された数値を比較すると、血液型特性では0・603であるのに対し、2種類の性格テストでは0・564と0・515で相当低くなっています（次頁）。このため、最新AIを用いた解析により、性格テストの結果には血液型の差が反映しにくいことが裏付けられました。

では、なぜこのような結果になったのでしょうか。その答えは「ビッグファイブ性格テスト」に隠されていました。もう一度次頁の説明を見てみてください。この性格テストは、現代で最も一般的に使用されていますが、この研究で使ったBFIというテストでは、血液型の性格特性を問う質問がほとんど含まれていないことが判明したのです。そのため、血液型による性格の差は分かりにくくなるのです。数少ない血液型による差

質問に使った血液型の特性

区分	日本	韓国
A型	神経質、几帳面	気が小さい、細かい、内向的
B型	マイペース、自己中心的	気まぐれ、多血質
O型	おおらか、おおざっぱ	活発、円満（スムーズ）、寛大
AB型	性格が理解されにくい、二重人格	独特

性格テストなどの結果を学習させたAIモデルの評価(AUC)

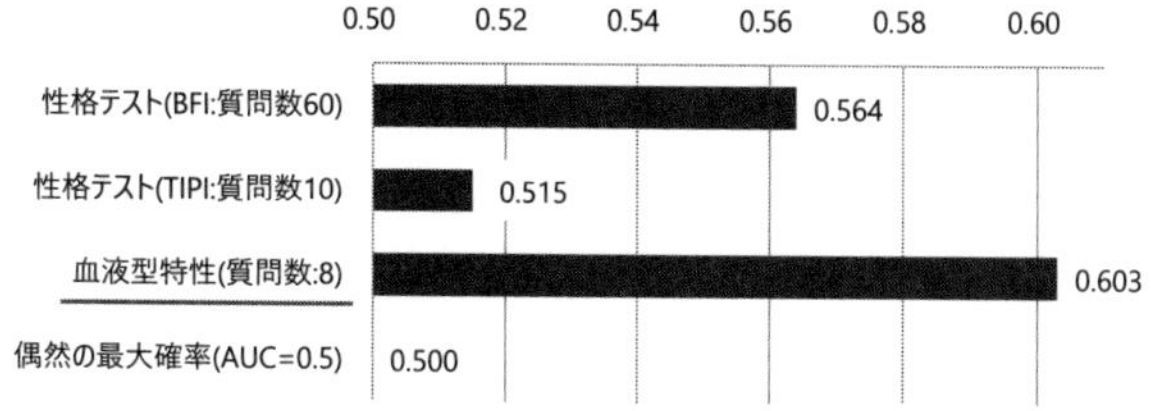

性格テスト（日本語版）の血液型別の結果

性格テスト	全体の質問数	うち血液型関連	性格因子の数	うち血液型で差が出たもの
BFI-2J	60	2	5	2
TIPI-J	10	0	5	0
（血液型の特性）	(8)	(8)	(4つの型)	(4)

性格テストの血液型別の結果（上記 BFI-2J の血液型関連 2 問の内訳）

単独の質問	単独の質問での統計的な差	含まれる性格因子	その性格因子の統計的な差
几帳面(A型)	○あり	誠実性(C)	×なし
楽天的(B型)	○あり	情緒不安定性(N)	×なし

血液型の特性についての解析結果

特性	日本人回答者全体の平均点数(1,827人)				韓国人回答者全体の平均点数(482人)			
	A型	B型	O型	AB型	A型	B型	O型	AB型
A型	**3.37**	3.07	3.11	3.26	**3.57**	3.33	3.29	3.40
B型	3.20	**3.37**	3.19	3.23	2.70	**3.04**	2.90	2.73
O型	3.00	3.07	**3.27**	2.94	3.24	3.34	**3.48**	3.26
AB型	2.74	2.77	2.72	**3.23**	2.94	2.97	2.95	**3.13**

があった質問「几帳面」「楽天的」も、これらを最終的な5つの「性格因子」にまとめる統計処理により、統計的に意味がないほど小さくなることが確認されました。

対して、**血液型の特性では、日韓のすべての血液型で、自分の血液型に「当てはまる」という数値が、他の血液型より大きくなりました。**これらは統計的に意味がある差（サンプルが47人と最も少ないため、統計的な差が出にくいと考えられる韓国のＡＢ型を除く）であり、今回の日韓国際調査において、血液型と性格の関連性を明確に実証したものと言えます。

また、性格テストの結果や血液型の特性をＡＩに学習させ、実験参加者の血液型の予測を行った結果、血液型特性を使用した場合の正解率は46・３％となりました。対象者は、血液型不明者93人および性格テスト結果に異常値を含む76人を除く日本人１８２７人です。

過去の研究でよく見られた性格テストの結果のばらつきは、やはり血液型より年齢や性別の影響が大きかったためのようです（１７８頁）。同じ性格テストの数値でも、人それぞれの「性格感度[★5]」により、同じ性格とは限らないことが再確認されました（口絵14頁と１７８頁）。

これらの研究結果は、日本と韓国の両国で共通しており、詳しい内容については、私のこの論文[★7]で確認いただけます。

ところで、性格感度については、実に興味深い結果が得られました。この研究で使用したビッグファイブテストの性格因子「神経症的傾向N」には12項目の質問があり、正と負の項目のペア6組で構成されています。たとえば、ある正の項目が「神経質」だとするなら、そのペアになる負の項目は反対の意味となる「おおらか」といった感じになります。

そこで、この12個の項目と、「自分や他人の性格に興味がある」という質問との相関を調べてみました。常識的に考えると、自分や他人の性格に興味があるなら、「神経質」のスコアは低下し、反対に「おおらか」は上昇するはずです。

ところが、結果は驚くべきものでした。予想に反して、**「自分や他人の性格に興味がある」のスコアが高いほど、12項目のすべてのスコアが高くなった**のです！　言い換えれば、性格に興味がある人ほど「神経質」かつ「おおらか」という理解不能な結果になります。現実としてそんな馬鹿なことはあり得ません。

この現象の最も合理的な解釈は、性格に興味がある人ほど「性格感度」が高く、質問

の内容とは関係なく自分に当てはまると回答するということです。言い換えれば、私たち一人一人が性格への感受性「性格感度」が異なるということ。このことは、たとえ性格テストのスコアが同じであっても、実際の性格が異なることを意味します。私を含め、多くの人が、「自己申告」の性格の妥当性に疑問を持っていたはずで、これが実データで実証されたのです。そして、この性格感度は、血液型の特徴では比較的その影響が小さいことも分かりました（口絵14頁と178頁）。

繰り返しになりますが、よくこんなビッグファイブ性格テストのような〝いい加減〟なもので、血液型と性格を否定できたなあ、というのが率直な感想です。常識的に考えても、性格を自己申告させ、生データをそのまま分析したところで、正確な結果が出るはずがないのです。

また、次のとおり、日本、アメリカ、韓国で、血液型が「内向的」や「外向的」に与える影響が異なる可能性が示されました。

○日本では、血液型による「内向的」「外向的」は差がない

○韓国ではA型が最も「内向的」で、B型が最も「外向的」

○アメリカでは、Ｂ型が最も「内向的」

そういえば、最近の韓国大統領は、李明博、朴槿恵、文在寅、尹錫悦と、なぜかＢ型ばかりですね。なお、男性よりは、女性の差が大きい結果となりました。一方、アメリカでは、初代ワシントン以外にＢ型の大統領は見かけません。日本には、現在までＢ型の首相は５人います。

このように、血液型にまつわる特性は、文化や社会背景によって、相当に大きな影響を受ける可能性を示唆しています。この点についても、私のこの論文で確認することができます。

○血液型予測の結果と質問項目（その2）

［使用データ］２０００人のインターネット調査（２０２３年）20代から50代の日本人男女（韓国人は人数が５００人と少ないため予測は未実施）
［学習データ］データの30％
［予測対象］　データの70％

［正解率］　最大46・3％

［質問項目］（日本語はその1と同じ、以下は韓国語の質問を翻訳したもの）

1　気が小さい［気になる］（A型）

2　几帳面・［細かい］（A型）

3　内向的（A型）

4　自由奔放［気まぐれ］（B型）

5　多血質（B型）

6　活発（O型）

7　円満［スムーズ］（O型）

8　寛大［おおらか］（O型）

9　独特［ユニーク］（AB型）

300万人のデータの根拠

ここでは、サブタイトルにある、300万人もの膨大なデータの根拠を書いておきます。

のべ調査人数　①＋②＋③＝３３０万５２２４人
①４０万６８５２人（１５４頁の表）↓血液型特性では明確に差が出た
②６２万４３５２人（次頁の表）↓ビッグファイブ性格テストでは一貫した差がなかった
③２２７万４０２０人（１１３万７０１０組のカップル）↓ＰＮＡＳの論文（第三章）

余談ですが、前章に書いたように、日本語の論文は問題外ですが、どうやら海外でも心理学者でＡＩを理解している人材は少ないようです。一流誌に投稿したのはいいが、どう見ても専門外の査読者に門前払い、といった私の経験が改善されるなら大歓迎です。まったく査読者が付かないとか、２月待たされたあげく「公衆衛生の専門家」に一発でリジェクト……と散々でした。その後、心理学に見切りを付けて、生物学のプレプリントとして投稿したら、速攻でＯＫとなり、それを見てＤＭが来た「まとも」なジャーナルにお願いして掲載してもらいました。

ビッグファイブ性格テストを使った「血液型と性格」調査一覧

No.	研究者（発表年）	調査人数	国名
1	K. M. Cramer, E. Imaike (2002)	419	カナダ
2	M. Rogers, A. I. Glendon (2003)	360	オーストリア
3	K. Wu, K. D. Lindsted 他（2005）	2,681	台湾
4	S. H. Cho, E. M. Shu 他（2005）	204	韓国
5	Z. M. Hossein (2012)	160	イラン
6	J. Flegr, M. Preiss 他（2013）	502	チェコ
7	R. A. Buckner, J. E. Buckner (2014)	182	アメリカ
8	F. Beheshtian, R. Hashemi 他（2015）	160	イラン
9	M. Sharifi, H. Ahmadian 他（2015）	400	イラン
10	A. Nahida, N. Chatterjee (2016)	100	イラン
11	M. T. Lo, D. A. Hinds 他（2017）	260,861	イギリス
12	R. Alsadi (2020)	337	パレスチナ
13	A. Kumar, K. Sarvottam 他（2021）	246	インド
14	Hindley 他 (2023)	336,993	スウェーデン
15	川名好浩（2003）	33	日本
16	森圭一郎，原野睦生 他（2005）	172	日本
17	久保義郎，三宅由起子（2011）	273	日本
18	清水武，石川幹人（2011）	866 1,503	日本
19	金澤正由樹（2021）	3,000	日本
20	金澤正由樹（2022）	※4,000	日本
21	金澤正由樹（2023）	※6,400	日本
22	金澤正由樹（2023）	※4,500	日本
合計	ー	624,352	ー

いずれも一貫した差はなかった（論文名は次頁を参照）　※はのべ人数

【論文一覧】

1. Kenneth M. Cramer, Eiko Imaike, Personality, blood type, and the five-factor model, Personality and individual Differences, 2002.
2. Mary Rogers, A. Ian Glendon, Blood type and personality, Personality and Individual Differences, 2003.
3. Kunher Wu, Kristian D. Lindsted, Jerry W. Lee, Blood type and the five factors of personality in Asia, Personality and Individual Differences, 2005.
4. So Hyun Cho, Eun Kook M. Suh, Yoen Jung Ro, Beliefs about blood types and traits and their reflections in self-reported personality, Korean Journal of Social and Personality Psychology, 2005.
5. Zirak Morandlou Hossein, The Relationship between students' personality traits and their blood types, Journal of Health and Development, 2012.
6. Jaroslav Flegr, Marek Preiss, Jaroslav et al., Toxoplasmosis-associated difference in intelligence and personality in men depends on their Rhesus blood group but not ABO blood group, PLOS ONE, 2013.

7. Buckner, Rebecca Anders, and John E. Buckner, It is not in your blood: exploring claims that blood type and personality are linked. Skeptic [Altadena, CA], 2014.

8. Fatemeh Beheshtian, Roghayeh Hashemi, and Zolfaghar Rashidi, The Five Personality Factors over the students with four blood types, Journal of Applied Environmental and Biological Sciences, 2015.

9. Mohammad Sharifi, Hamza Ahmadian, and Ali Jalali, The relationship between the big five personality factors with blood types in Iranian university students, Journal of Chemical and Pharmaceutical Research, 2015.

10. Amreen Nahida, Nandini Chatterjee, A study on relationship between blood group and personality, International Journal of Home Science, 2016.

11. Min-Tzu Lo, David A Hinds et al., Genome-wide analyses for personality traits identify six genomic loci and show correlations with psychiatric disorders, Nature Genetics, 2017.

12. Rihab Alsadi, Personality traits and their relationship with blood groups among of Palestinian university students, International Journal of Psychology and Behavioral Sciences, 2020.

13. Avinash Kumar, Kumar Sarvottam et al., Blood group- and gender-wise comparison of big five models of personality among medical students, National Journal Physiological Pharmacology, 2021.
14. Guy Hindley, Alexey Shadrin, Dennis van der Meer et al., Multivariate genetic analysis of personality and cognitive traits reveals abundant pleiotropy, Nature Human Behavior, 2023.
15. 川名好浩「血液型性格判断 —Big Five でのプロフィール—」『日本心理学会第67回大会論文集』２００３年
16. 森圭一郎・原野睦生・江藤義典・津田彰・内村直尚・中川康司「ＴＣＩとＢｉｇ５による性格とＡＢＯ式血液型の関連解析」日本生物学的精神医学会プログラム・講演抄録２００５年
17. 久保義郎・三宅由起子「血液型と性格の関連についての調査的研究」『吉備国際大学研究紀要』（社会福祉学部）２０１１年
18. 清水武・石川幹人「ＡＢＯ式血液型と性格との関連性—主要5因子性格検査による測定」『構造構成主義研究５』２０１１年

19. Masayuki Kanazawa, AI-based analysis on relationship between genes and personality: Evaluation results with the ABO blood type, Transactions on Machine Learning and Artificial Intelligence, 2021.

20. Masayuki Kanazawa, A study on individual differences in sensory sensitivity: ABO blood type and personality in Japan, International Journal of Psychology and Behavioral Sciences, 2022.

21. Masayuki Kanazawa, Pilot analysis of genetic effects on personality test scores with AI: ABO blood type in Japan, Biology and Medicine, 2023.

22. Masayuki Kanazawa, A pilot study using AI for genetic effects on personality: ABO blood type in Japan/Korea, bioRxiv, 2023. （プレプリント）

【まとめ】

・血液型より、個人差、年齢、性別の方が性格への影響は大きい

・「性格感度」（性格の感受性）の個人差は極めて大きい

・このため、一般的な性格テストでは、その設計上や構造的な限界から、血液型の差が出る質問項目が極めて少なくなり、正確な結果が極めて出にくい

・血液型による特性は、文化や社会背景などにより、相当大きな影響を受ける可能性がある

★1　Lewis R. Goldberg, An alternative "description of personality": The Big-Five factor structure, Journal of Personality and Social Psychology, 1990.

★2　Lewis R. Goldberg, The development of markers for the Big-Five factor structure, Psychological Assessment, 1992.

★3　Masayuki Kanazawa, Pilot analysis of genetic effects on personality test scores with AI: ABO blood type in Japan, Biology and Medicine, 2023.

★4　Masayuki Kanazawa, Relationship between ABO blood type and personality in a large-scale survey in Japan. International Journal of Psychology and Behavioral Sciences, 2021.

★5　他人や自分の性格に興味があるかどうかという質問に、５段階で回答してもらった結果

★6　Shoko Tsuchimine et al., ABO blood type and personality traits in healthy Japanese subjects, PLOS ONE, 2015.

★7　Masayuki Kanazawa, A pilot study using AI for genetic effects on personality: ABO blood type in Japan/Korea, bioRxiv, 2023.

★8　Yao Hou et al., Assortative mating on blood type: Evidence from one million Chinese pregnancies, PNAS, 2022.

【ミニ解説】ＡＩで血液型と性格を分析する方法

以下も、私の論文などを参考にして解説を作成し、チャットＧＰＴで処理することにより、より分かりやすい文章にしたものとなります。

＊　＊　＊

性格の形成において、性別や年齢のような遺伝的要因が果たす役割は大きいものがあります。これらの要因間にどのような相互作用があるのか、様々な研究が精力的に進められています。

過去の心理学の研究においては、血液型が性格に与える影響について、他の要因とは独立して一定、つまり線形であると考えられてきました。このため、従来の調査分析で使われる統計学的方法は、多くの場合、変数間の関係が線形であることを前提としています。にもかかわらず、現実のデータは非線形の可能性が高く、実際にそういう知見も散見されます。よって、そういう従来の手法は、「血液型と性格」については必ずしも適切であるとは言えません。

最近では、この問題へのアプローチとして、ＡＩ（機械学習）の利用が注目されています。ＡＩは理論的に非線形のモデルを扱うことができるためです。そこで、本書の研究では、質問紙の回答をベースに、ＡＩを用いて血液型を予測する試みを行いました。具体的には「教師付学習」による分類という方法を採用したため、新たに数理モデルを設計する必要はありません。分類に使う方法は、「多重ロジスティック回帰」が一般的ですが、本当にそれでいいのかチェックするのに一苦労します。しかし、今回はすべてシステムにお任せで、自分で考える必要がないため楽ちんでした。いわば、エクセル感覚で操作できると考えていいと思います（次頁）。

予測の精度を評価するためには、ＡＵＣという指標を使用しました。この指標は、２値分類の予測評価に用いられるもので、ランダムな予測が０・５、完璧な予測が１という値を取ります。血液型のような３つ以上の分類においては、重み付けＡＵＣという指標が用いられますが、ランダムな予測が０・５、完璧な予測が１になることは同じです。

＊　＊　＊

なお、最近のチャットＧＰＴでは、新たに Advanced Data Analysis という機能が搭載され、データさえ読み込ませれば、自動的に分析をしてくれるようになりました。しかし、血液型の差は微妙なため、「×型の人々が他の血液型に比べて○○と感じる傾向がわずかに強いことが示唆されます。しかし、全体的に大きな差は見られません。」という残念な結果になりました。完全にお任せの分析は、まだＡＩには無理のようです。

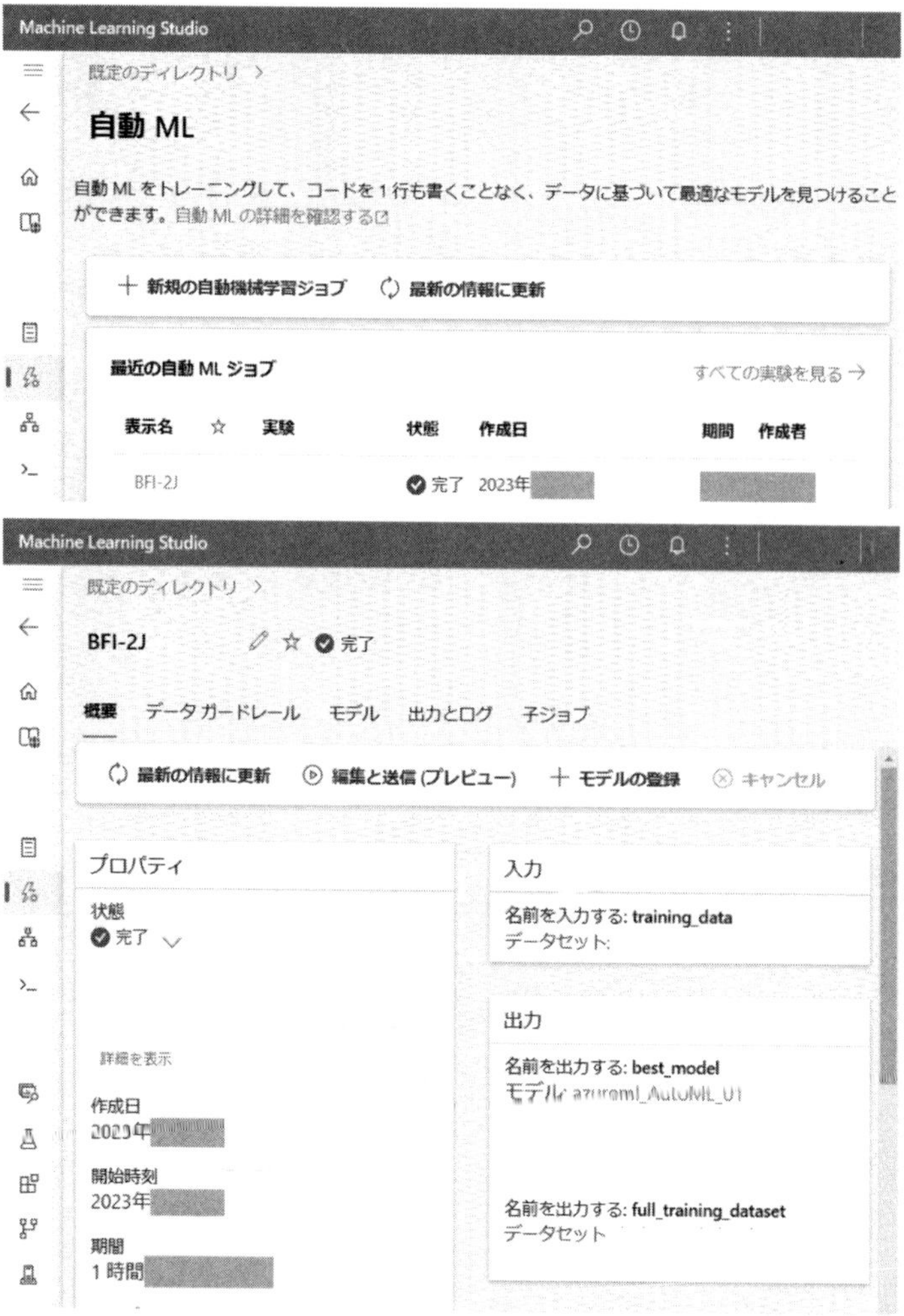

実際にマイクロソフトのＡＩで処理を行った画面の例

終章　専門家が反対する理由

血液型論争に似すぎている土偶論争

２０２３年になって、注目を集めているのが『土偶を読むを読む』という一冊の書籍です。読まれた方もいらっしゃるでしょうか。この本は、２０２１年にベストセラーとなった竹倉史人氏の『土偶を読む』に対する批判が綴られています（口絵15頁）。竹倉氏は、土偶は植物の姿をかたどった植物像だと主張。そして、彼のオリジナリティ溢れる著作は、ＮＨＫを皮切りに、多くのテレビ番組で取り上げられ、権威あるサントリー学芸賞まで受賞したのです。

私も『土偶を読む』を読んでみましたが、すこぶる知的好奇心をくすぐられる内容で、とても満足しました。が、意外なことに、ベストセラーがゆえに、学界からの批判が殺到し、ついには炎上して論争が白熱する……といったことには全然なりませんでした。

反対に、その独自性がゆえに、学界からは殆ど無視されたというのが現状です。

この点は、かつての「血液型と性格」に関する論争とも共通しています。なぜこのような現象が生じるのでしょうか。学界が、斬新な発想や新たな手法に対して懐疑の目を向けるのは当然とも言えますが、一方で、新たな発見が既存の知識を塗り替える可能性も否定できません。言い換えれば、枠組みにとらわれすぎると、革新的なアイデアが生まれにくいというわけです。

この終章では、かつての血液型ブームや、その後の批判がどのようなものだったのかを、そんな「土偶論争」を参考にして探っていきます。新旧の論争を通して、学問の進展と人々の自由な発想がどのように交錯するのかを、この機会に考えてみてはいかがでしょうか。

次は、この本を取りまとめた望月昭秀氏のｎｏｔｅの記事からです。まさに血液型論争のオマージュと言えるのではないでしょうか。

＊　　＊　　＊

『土偶を読むを読む』という書籍を出します。

一昨年［２０２１年］４月に発売された『土偶を読む』。考古学の実証研究とイコノロジー研究を用いて、土偶は「植物」の姿をかたどった植物像という説（と主張する）を打ち出した本書は、NHKの朝の番組で大きく取り上げられ、養老孟司氏ほか、各界の著名人たちから絶賛の声が次々にあがり、ついに学術書を対象にした第43回サントリー学芸賞をも受賞しました。

……のですが、筆者はかねてから批判をしてきました。これは同書を読み、その間違いの多さと、「皆目見当違い」で破綻した内容、それにもかかわらず、この本は売れるだろうなとの嫌な予感に危機感を感じたからです。

（中略）

［2023年］今月、4月28日に『土偶を読むを読む』という書籍を出します。これは『土偶を読む』の検証本です。

ご存知の通り、**世間一般の評価と対照的に、『土偶を読む』は考古学界ではほとんど評価されていません。いや、相手にされていないと言った方が正確でしょう。**それはなぜなのか、本書ではその非対称な評価の理由と、『土偶を読む』で主張される「土偶の正体」、それに至る論証を検証します。

（望月昭秀「縄文ZINE」note　2023年4月4日）

考古学者は土偶の専門家なのか

この『土偶を読むを読む』ですが、アマゾンの読者レビューでは、高評価が圧倒的に多かったのですが、中にはこんな疑問を呈しているものもありました。代表的なものをいくつか紹介しておきます。

＊　＊　＊

○批評も多角的だし、ユーモアも交えて、きちんとこちらもエンターテイメントになっている。唯一、なぜ竹倉氏が考古学界にこれほど憎悪と無理解に至ったのかの自己言及が欲しいと思う。

○読むのにすごい疲れた。なぜかと考えたが、たぶんサントリー学芸賞を取った「土偶を読む」に対する本書の著者たち妬《ねた》み嫉《そね》みが全編ににじみ出ているからだと思う。数えたらサントリー学芸賞について9回も触れていた。同賞は人文系の研究者にとってあこがれの賞なのだろう。

○これまでに1万7千点の土偶が出土したそうだ。それでもまだ結論が出せない理由が知りたい。（中略）僕には元本の「土偶を読む」の方が価値が高い論考に思えた。

＊　＊　＊

この手の学術論争は嫌いではないので、専門家による精緻で理路整然とした批判を知りたくて、『土偶を読む』と『土偶を読むを読む』の両方とも読んでみました。ただし、血液型とは直接関係ないので、ここでは議論の内容には深入りしません。興味をお持ちの方は、補足説明をご覧ください。

しかし、残念ながら期待は大きく裏切られ、文章は面白いのですが、あまり専門知識がなさそうな望月氏（失礼ながら本人も認めているようです[★1]）が熱心に反論しているぐらいで、学術的な批判は皆無とまでは言いませんが、相当に少ないというのが率直な感想です。

もっとも、望月氏の文章には少々引っかかる部分があります。それは、「日本の考古学は過去に、あるセンセーショナリズムのために大きな傷を負い、その傷はいまだに癒《い》えていない」とあることです。ひょっとして、２０００年の毎日新聞のスクープ「発掘捏造《ねつぞう》」事件のことでしょうか。

この事件は、アマチュア考古学研究家の藤村新一氏が発掘したとされる、何十万年も前の旧石器時代の石器は、実は自作自演の捏造品で、まったくのニセモノだったというものです。現在では、約12万年前の島根・砂原遺跡の旧石器が日本最古とされています。

なお、当時の考古学者たちからは、少なくとも報道前には問題視されていなかったようです。毎日新聞がこの噂を聞きつけ、発掘現場に記者が待ち伏せし、石器を事前に埋めている彼の姿を見つけて大騒ぎになりました。**このスキャンダルで、中学・高校の教科書はもとより、大学入試にまで影響が及ぶことになります。ついには、日本考古学界最大の不祥事に発展し、海外までも報道されたのです。**まあ、これは個人的な資質の問題でしょうね。言ってはなんですが、どこにも不心得者はいますから……。

その一方、まさかとは思いますが、この毎日新聞のスクープが「センセーショナリズム」で、考古学は被害者だと言うのなら、『土偶を読む』は問題外となります。

私は、そうではないと信じたいです。

血液型論争の謎すぎる展開

このような経緯を考えると、学術界が新しい発想や研究に対して極端に慎重になる背景も少し理解できます。ただ、その慎重さが過ぎれば、新しい発見や視点が生まれづらくなってしまう危険も内包しています。このようなことですから、土偶論争は、「血液型と性格」にまつわる一連の騒動と酷似しています。では、いままでの血液型論争をざっと紹介しておきましょう。

血液型と性格の関連性については、１９３２年に東京女子高等師範（現・お茶の水女子大学）の古川竹二教授が労作『血液型と気質』を出版して以来、たびたび社会的な話題になっています。しかし、戦前は統計学が未整備だったことなどもあり、正式な学説としては認められることはなかったとされます。★2★3

その後、50年ほど前に、作家・能見正比古氏が、『血液型でわかる相性』（１９７１年）や『血液型人間学』（１９７３年）を出版し、どちらも１００万部を超える大ヒットを記録して、古川説が復活。出版されると同時に、日本中が血液型ブームに沸き返り、カラスが鳴かない日はあっても……というぐらい盛り上がっていたのです。しかし、なぜか能見正比古氏への直接的かつ学問的な反論は、皆無に等しい状態でした。このことは、心理学者である白佐俊憲・井口拓自の両氏の労作『血液型性格研究入門』（１９９３年）に、時系列順に学術論文が列挙されているので、誰でも確認可能です。細かいことを言うと、陰口に近いような批判、たとえば、ベストセラーはけしからん、金儲けに走りすぎだ、素人の俗説だ……といったものは散見されました。これもまた、『土偶を読む』と同じ状況です。

ただ、土偶論争と血液型論争には大きな違いがあります。土偶の形状や用途に関する問題は、数値や客観的な評価基準が確立されていないため、0か1かで判断できないのです。しかし、血液型と性格の関連は統計学や心理学理論を用いて、より明確な評価が可能です。そのせいかどうか、能見正比古氏が存命の時代には、科学的な理論やデータに基づいた、心理学者からの目立った反論はありませんでした。

今も昔も、土偶でも血液型でも奇妙に共通しているのは、このようにアカデミックな議論が極めて乏しい点です。私の血液型の著作や論文を、竹倉史人氏や能見正比古氏と比較するのは、あまりにもおこがましいのですが、現在の血液型論争の経過や結果も、やはりほとんど同じです。繰り返しになりますが、否定派が示した「関係ある」という条件、具体的には①きちんとした学術誌への掲載②データは統計的に偏りないものを使う（読者アンケートなどは不可）③分析したデータのきちんとした公開……は、ほぼすべてが満たされたにもかかわらず、否定側の研究者などからは、目立った反応や批判は見当たりません。

しつこいようですが、土偶論争や血液型論争の経緯や経過は、このように内容や時代に関係なくほぼ共通しています。もっと不思議なのは、心理学者や考古学者が一致団結したとか、何か批判や無視の〝共通指針〟のようなものが存在した、といった形跡がないことで（絶対になかったとはまでは断言できませんが……）、そういう反応が、あまりにも自然発生的に起こったことです。

つい最近になって、この謎については、池田信夫氏のブログと、山岸俊男氏の『ネット評判社会』を読んだことで氷解しました。日本は縄文時代から平和だったため、そういう行動パターンが遺伝子に刻み込まれて残っているのだそうです。そして、このことは進化心理学的にきちんと説明可能のようです。

では最初に、池田信夫氏のブログを紹介しましょう。少々理屈っぽい文章ですので、面倒な方はポイントだけ読んでいただければ十分です。

進化心理学で謎を解く

次は、池田信夫氏のブログ「宗教を生みだす本能」（２０１２年１月29日）をチャットＧＰＴで要約し、一部を修正したものです。相当に難解ですが、**太字**の部分だけ読めば、いままでの不可解な謎について、心底から納得できる、実に見事な回答が用意されていることが理解していただけるかと思います。参考までに、ポイントは次のとおりです。なるほど、と得心していただければ嬉しいです。

○日本は平和だったため、次のような（メンバーが固定化する）未開社会のルールが色濃く残っている

○実用的な意味のない「通過儀礼」に耐えた者だけが、部族のメンバーとして認められる

○**部族の掟に逆らう者は、容赦なく追放される**

○また、**強いリーダーが現れると、彼らは速やかに部族から追い出される**★4★5

○その理由は、自分の利益を追求する個人が部族の「和」を乱すのを防ぐため

＊　　＊　　＊

宗教とは、その実用性が不明瞭にもかかわらず、人類の歴史を通じて私たちを強く引きつけ続ける不可解なものだ。社会学の巨人、デュルケームは、宗教が社会統合のシステムとして機能すると考えたが、これだけでは実際の複雑な儀礼や神話を説明するのは難しい。最近の考古学や生物学の発見により、戦争とその影響が我々の遺伝子や行動に大きく影響していることが明らかになった。昔の人々は、狩猟採集の生活を営む小集団で、戦争が日常の一部となっていた。

ウィルソンの多レベル淘汰説は、内部の利己的な個体よりも、部族全体の団結が戦争で勝利する鍵であると提唱している。個体レベルで考えると、利己的な個体が利他的な個体に勝つが、部族レベルでの競争になると、利他的な個体の部族は団結力が強いので、利己的な個体ばかりの部族に勝つ。したがって、進化心理学的に考えると、利己主義だけではなく、それを抑制する利他主義が遺伝的に備わっているはずだ。

未開社会であるオーストラリアのアボリジニは、数万年前から孤立しているため、氷河期の行動が残っていると推定される。**彼らの通過儀礼はぶっ通しで4か月間も休みなく続く。これは子供を一人前の「戦士」として迎え入れる儀式で、割礼などの痛みに耐えた者だけがメンバーとして認められる。**他の未開社会でも、今もその遺伝的特性や文化が継続しており、長期にわたる儀式や通過儀礼で、その集団の一員としてのアイデンティティや役割を獲得する。

言語や音楽は戦争や儀式の中で生まれたツールとも言える。特に言語は、戦闘に際して敵味方を認識する暗号として機能するため、その習得は非常に重要だった。**部族の掟に逆らう者は容赦なく追放され、ほとんどの場合に死を意味した。**

このように、**非実用的な音楽や通過儀礼がすべての部族にあり、むしろ未開社会ほど**

重要視されるのは、集団のために個人を犠牲にするツールとして発展してきたからかもしれない。進化ゲーム理論によれば、これらの「無駄」と思われる行動や文化は、共同体内での個人の地位や役割を確定させ、退出を強力に抑止するための「サンクコスト」として機能している。

氷河期の影響を受けた未開社会では、みんな平等で、リーダーや階級の概念は存在せず、全員が共に儀式を楽しむ。しかし、**時折、強いリーダーが現れると、彼らは部族から追い出され、極端な場合は殺害されることもある。これは、自分の利益を追求する個人が部族の和を乱すのを防ぐため。**だが、人々が定住し、農耕を始めると、戦争を避けるシステムや一神教、階級制度が誕生した。

今の先進国で平等主義の部族文化を見るのは難しいが、日本はその特例として挙げられる。実は、日本が大陸とのつながりを失ったのは約2万年前。氷河期の影響で利他的な心が遺伝子に刻まれたが、日本の豊かな自然と穏やかな気候は農耕に適していた。そのおかげで、資源の奪い合いや外部からの侵略はほとんどなく、平和な時代が続いたのだ。

（池田信夫ブログ「宗教を生みだす本能」２０１２年1月29日）

ネットオークション実験で謎を解く

次は、山岸俊男氏の『ネット評判社会』などからの要約です（次頁も参照）。なお、これはチャットGPTではなく、私自身によるものです。ポイントは次のとおりとなります。

○日本では、メンバーが集団内で安心できる環境を築きあげている
○これを維持するためには、**部外者を排除する必要があり、必然的にメンバーは固定化する**
○他の条件として、固定したメンバー間で「ネガティブ」な評判を共有することも必要
○**ネガティブな評判を受けたメンバーは、速やかに集団から排除される**
○ただし、ネットオークションの実験結果によると、このクローズドなシステムはオープンなシステムより非効率的
○現在、世界的にオープンなシステムが主流となり、日本経済の効率は相対的に低下した

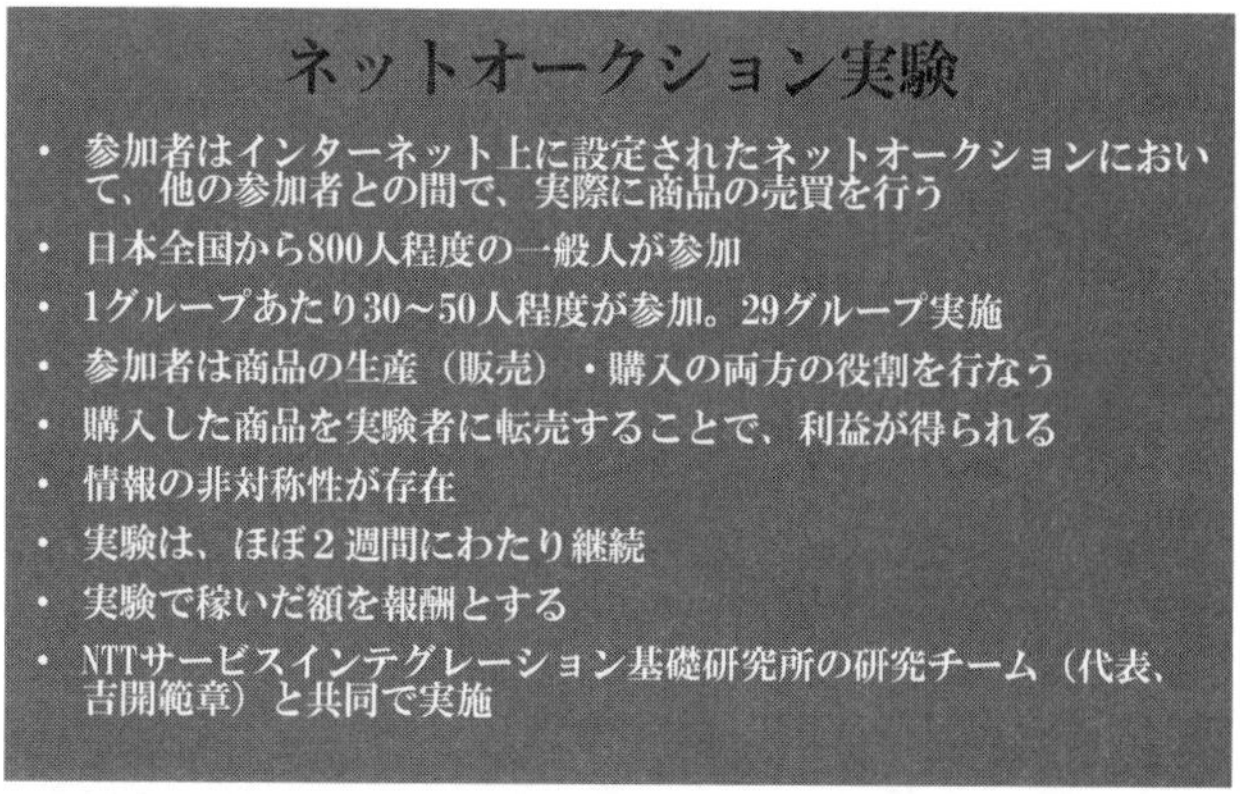
ネットオークション実験
・参加者はインターネット上に設定されたネットオークションにおいて、他の参加者との間で、実際に商品の売買を行う
・日本全国から800人程度の一般人が参加
・1グループあたり30～50人程度が参加。29グループ実施
・参加者は商品の生産（販売）・購入の両方の役割を行なう
・購入した商品を実験者に転売することで、利益が得られる
・情報の非対称性が存在
・実験は、ほぼ2週間にわたり継続
・実験で稼いだ額を報酬とする
・NTTサービスインテグレーション基礎研究所の研究チーム（代表、吉開範章）と共同で実施

山岸俊男氏らによるネットオークション実験の結果。

現在の日本で一般的な「ネガティブ評判」システムは、ネットオークションで一般的な「ポジティブ評判」システムより稼いだ額が少なく、報酬も少ない。

出所 山岸俊男 国立情報学研究所オープンハウス2010★8

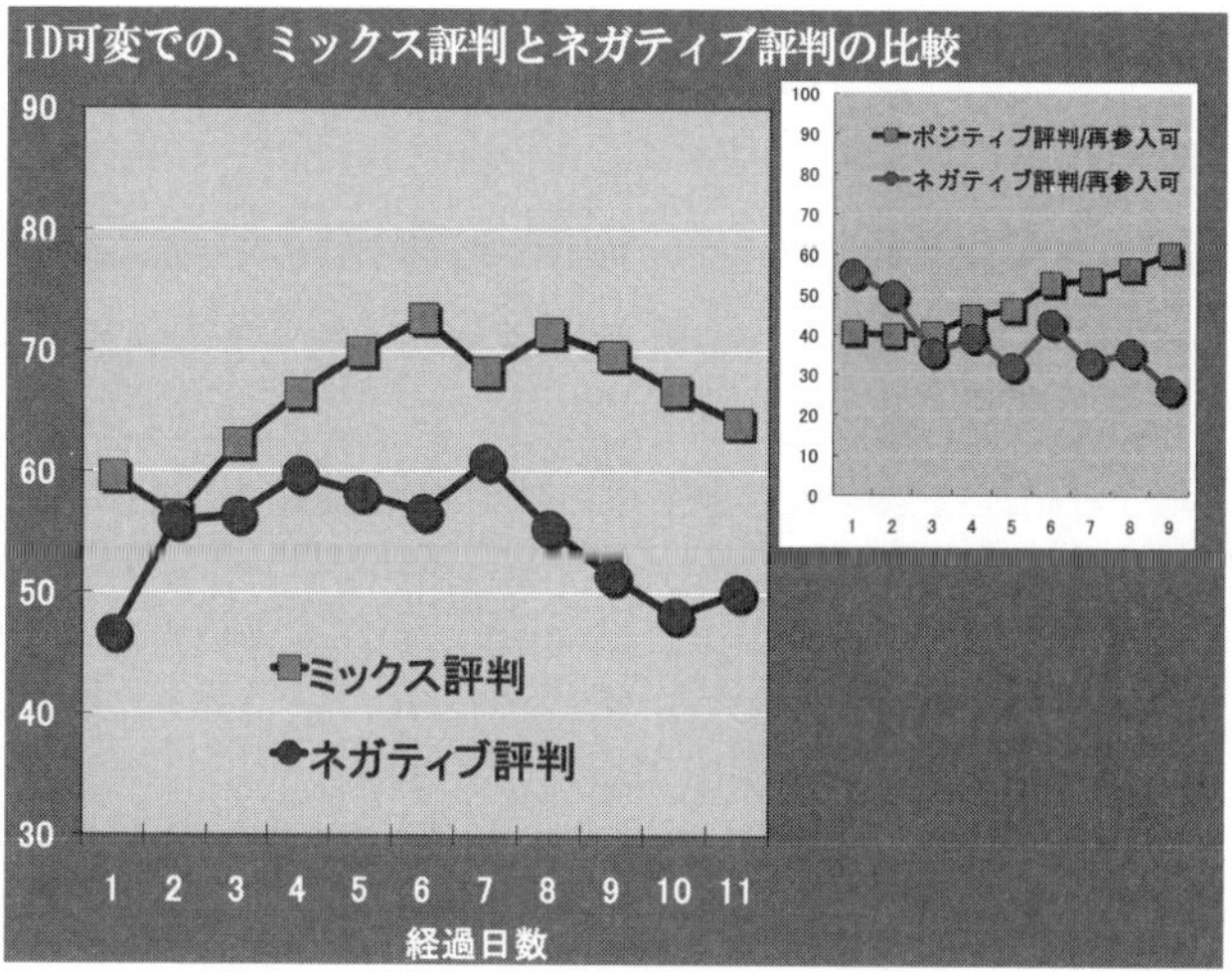
ID可変での、ミックス評判とネガティブ評判の比較
90
80
70
60
50
40
30
ミックス評判
ネガティブ評判
1 2 3 4 5 6 7 8 9 10 11
経過日数
100 90 80 70 60 50 40 30 20 10 0
ポジティブ評判/再参入可
ネガティブ評判/再参入可
1 2 3 4 5 6 7 8 9

一般的に、東アジアの人々、特に日本人は集団主義だと思われており、実際にも多くの場合に集団主義的な行動を示している。その理由として、日本では数千年にわたって密接な共同作業が必要な水田稲作が続いているからとされることが多い。

日本は島国であり、山がちで平野が少ない地形なため、大陸の国家に比較すると、小さな川が数多く存在している。そして、日本では数千年前からその水系別の狭小な平野ごとに、集団化された水田稲作が行われている。よって、日本人が集団主義的である理由は、この密接な共同作業が必要な水田稲作が大きく関係しているという見方が一般的である。従って、進化心理学的な観点から考えると、日本人は遺伝的にも集団主義的であるはずである。

しかし、山岸氏らは、いくつかの実験による実証データによって、日本人は、アメリカ、中国、台湾の人々より他人を信用せず、事前の予想とは反対に、極めて個人主義的であることを発見した。このことは、最近の青少年の日米比較調査でも裏付けられている。[★6★7]

＊　　＊　　＊

山岸氏らの報告[★8]によると、日本人は他の国の人々に比べると、①リスクを避けようとする傾向が高く、②他者一般を信頼する傾向が、世界の中でも極めて低いことを明らかにした。このうち②は、日本は世界的に見ても犯罪率が低い「信頼社会」と認識されていることとは正反対の結果であった。氏らは、その理由を次のように説明した。

日本人の社会は、ひとことで言えば、人々が安定した関係のきずなを強化することで、メンバーが固定化した水田稲作の集団内で、安心していられる環境を築きあげている社会である。またこのメカニズムを維持するために部外者を排除し、長いつきあいのある人たちの間の関係に人々がとどまっている社会である。このシステムは、固定した仲間内で「ネガティブ」な評判を共有することにより維持される。一方、現在の先進国で一般的なのは、そうした安心していられる固定した関係を超えた再参入可能なオープンなシステムであり、他人一般に対する信頼の上に作られた、さまざまなチャンスの追求を可能とする社会である。この現代的なシステムは、個人の「ポジティブ」な評判を共有することにより維持される。また、この信頼を維持するためのセイフティーネットとして、公的に整備された司法制度の存在が必要となる。

山岸氏らは、このクローズドなシステムとオープンなシステムのどちらが経済的に効率的か、実際に８００人ほどの参加者を募ってネットオークションの実験を行った。参加者は複数のグループに分かれ、実験室のコンピューター上に設定されたネットオークションにおいて、他の参加者との間で、実際に商品の売買を行ったのである。その結果であるが、**現在では一般的な、再参入可能なオープンな市場システムの場合、ポジティブな評判を重視するグループの売り上げは、ネガティブな評判を重視するグループの売り上げを上回った。**[★8]現実の歴史でも、ネガティブな評判のシステムを採用していたマグリビ商人は、ポジティブな評判を採用していたジェノヴァ商人との競争に敗れ、地中海貿易の覇権を失ったとされる。これは、現在の日本経済の停滞の理由の一つかもしれない。このように、進化心理学的な観点で考えると、従来の知見に基づく解析結果の解釈は、一見すると矛盾する場合もあるため、慎重かつ多面的な分析が必要になるだろう。

＊　＊　＊

池田氏は、進化心理学的にこの日本のシステムが有効であり、その結果生き残ったことは、コンピューターシミュレーションで確認済みだと指摘します。

＊　＊　＊

グラフ［216頁］はBowlesがScienceに投稿した論文[★9]の図だが、利得の高いエージェントを増やす数万世代のシミュレーションを行なうと、偏狭な利他主義（右上）と寛容な利己主義（左下）がＥＳＳ［進化的安定戦略］になることがわかる。

本書[★10]も指摘するように、右上の均衡は山岸俊男氏の明らかにした「赤の他人は疑うが身内は信用する」という日本人の行動様式をうまく説明しているようにみえる。

（池田信夫ブログ「偏狭な利他主義と寛容な利己主義」２０１２年2月13日）

＊　　＊　　＊

誰もが予想できるように、構成メンバーが退出困難なクローズドなシステムは、オープンなシステムより、同調圧力の影響が強くなります。この点は、２１７頁に示す国立青少年振興機構の２０１８年の調査「高校生の心と体の健康に関する意識調査[★6]」で裏付けられています。グラフを見ればわかるように、日本人は、「友だちに合わせる」かどうかより、「友だちが私をどう思っているか」が気になるのです。

なるほど、これで縄文時代が1万年という驚異的な長期間続いたのも、日本の人事制度が減点主義なのも、すべてがすっきりと理論的に説明できますね。

進化心理学のシミュレーション

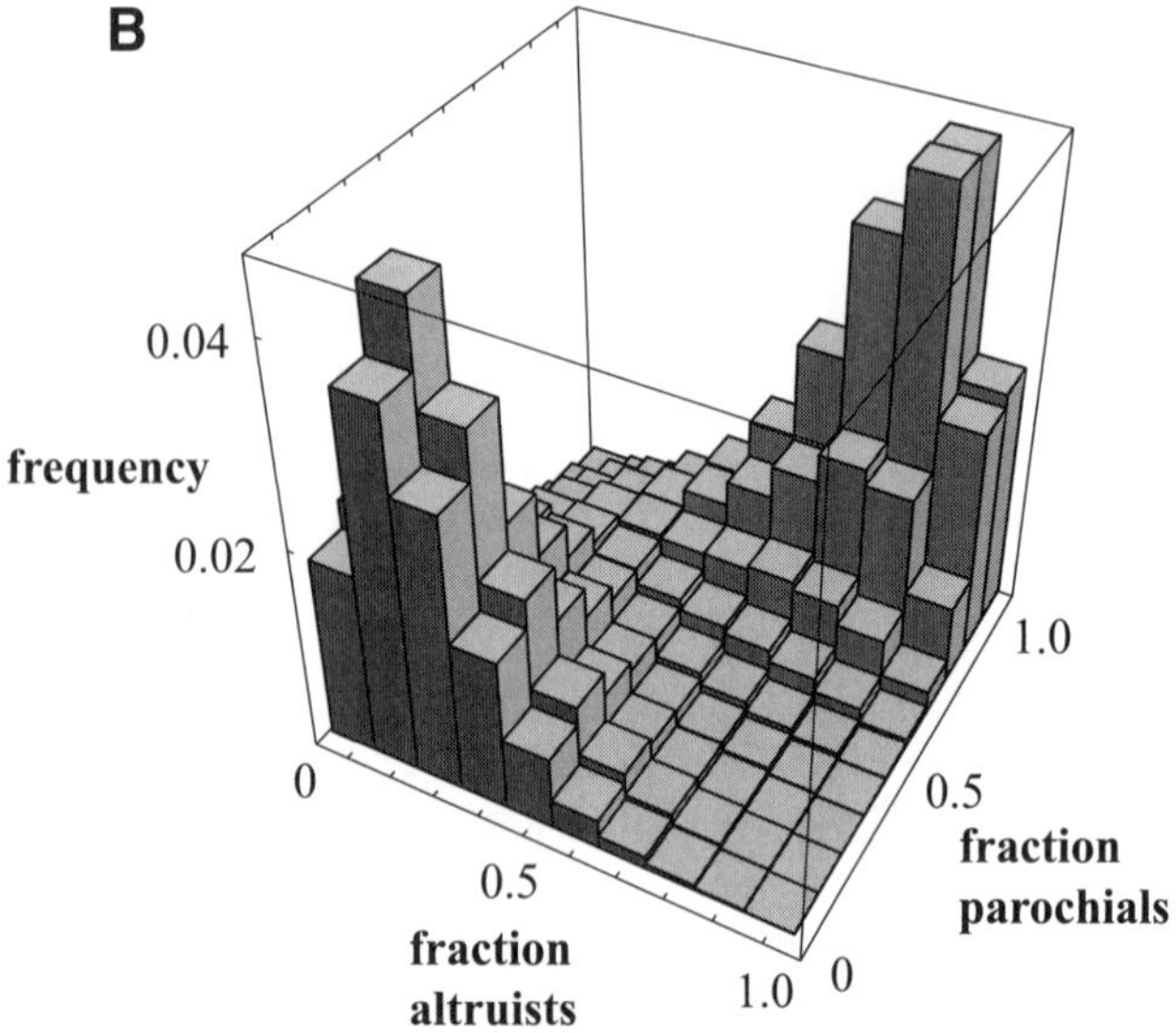

シミュレーション結果によると、偏狭な利他主義（右上＝赤の他人は疑うが身内は信用する）と寛容な利己主義（左下＝赤の他人と身内に関係なく評判の良い人を信用する）が増加する。
右上の均衡は、山岸俊男氏の明らかにした「赤の他人は疑うが身内は信用する」という日本人の行動様式をうまく説明していると考えられる。
出所　(図)Bowlesらによる Science の論文★9
　　　(内容)池田信夫ブログ

日本・米国・中国・韓国の比較

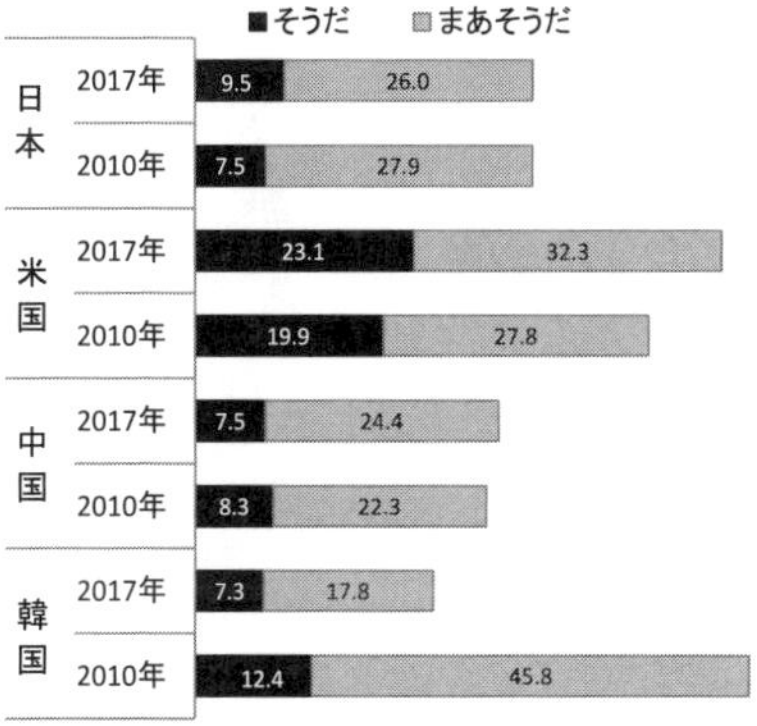

図 4－24　友だちに合わせていないと心配になる

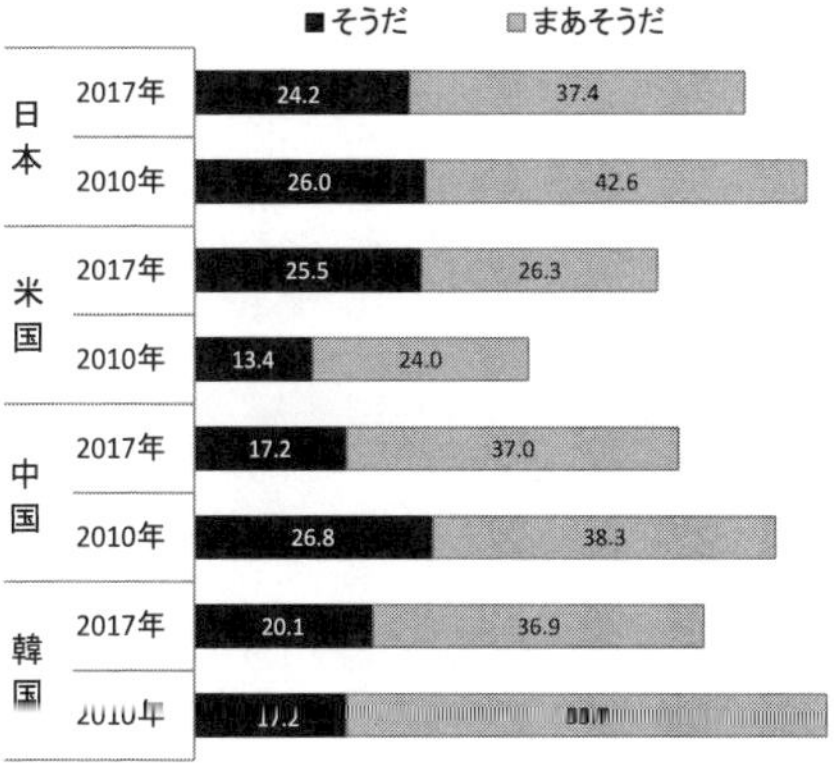

図 4－25　友だちが私をどう思っているか気になる

日本人は、「友だちに合わせる」（上）かどうかより、「友だちが私をどう思っているか」（下）が気になる。

出所　国立青少年振興機構 (2018)[★6]

最後に分かったのは、「血液型と性格」について、能見正比古氏が一般書という形で世に問うことにしたのは、そんな日本の分厚い「学問の壁」を打ち破るために、現実的に実行可能な唯一の方法だったということです。

もっとも、現在なら別な方法もあります。それは、私が現在しているように、日本語での発表に加えて、コンテンツを英語化して世界に打って出ることです。これは、最新ＡＩにより、言語の壁が驚くほど薄くなったために可能になりました。そしてまた、英語論文化と同時進行しているのが、能見正比古氏の著作を英語に翻訳するプロジェクトで、こちらも地道ですが着実に進んでいます。結果がどうなるのかは、皆さんの評価次第ということになります。どうかよろしくお願いいたします。

いずれにせよ、能見正比古氏が遺した未解決問題については、これでほとんど解答することができたと自負しています。正直、肩の荷が下りて、ほっと一安心しているところです。

＊　　＊　　＊

余談ですが、この『ネット評判社会』を読んで驚いたのは、山本七平氏の名著『「空気」の研究』への実に見事な解答がさらっと書かれていること。こんなことは予想していなかったので、非常に驚きました。本書は血液型と性格についての解説本なため、詳しくは説明しませんが、興味がある方は、補足説明の「山本七平氏の未解決問題」をご覧ください。

最後までお読みいただき、大変ありがとうございました。

【まとめ】

・血液型と性格の関連性に専門家が懐疑的なのは、新奇なアイデアを受け入れにくいため
・このような態度は、進化心理学やネットオークション実験の結果でうまく説明できる

★1　砂田明子「ベストセラー『土偶を読む』の反論本著者が語る検証の杜撰さ、メディアの責任」JBPress　2023年8月16日
★2　大村政男『血液型と性格』1990／1998／2012年
★3　佐藤達哉・渡邊芳之『現代のエスプリ　血液型と性格』1994年

★4　西條辰義「日本人は『いじわる』がお好き?!」『経済セミナー』2005年12月号

★5　西條辰義ほか「公共財供給の新たなモデル構築をめざして：理論と実験」『1998年度 科研費研究成果報告書』

※これら西條辰義氏らの研究は、次のように数多くのメディアに紹介されている。

・日本人は「世界一礼儀正しい」が「世界一イジワル」だった……「自分の利益より他人の不幸を優先する度合い」を測る実験で「日本人ダントツ」の衝撃結果がヤバすぎた

https://gendai.media/articles/-/114362

・なぜ日本人はSNSで他者をバッシングし続けるのか……「日本人が世界一イジワルな理由」〝強い不安遺伝子〟と〝正義中毒に弱い〟という特徴がヤバすぎる

https://gendai.media/articles/-/114365

★6　国立青少年教育振興機構「高校生の心と体の健康に関する意識調査報告書―日本・米国・中国・韓国の比較―」2018年

★7　荒川和久「日本人は『みんなと一緒が好き』という大誤解　欧米と比べて集団

主義的傾向が強いのは本当か」東洋経済オンライン　２０２１年４月21日
★8　山岸俊男「ネット社会における評判と信頼」国立情報学研究所オープンハウス　２０１０　２０１０年６月４日
★9　Jung-Kyoo Choi, Samuel Bowles, The coevolution of parochial altruism and war, Science, 2007.
★10　Samuel Bowles et al., A Cooperative species: Human reciprocity and its evolution, 2011.

【コラム】血液型に「バーナム効果」は存在しない

血液型による性格が当たっているように見えるのは、「バーナム効果」だと主張している人をよく見かけますが、この言説は基本的な認識が間違っています。

バーナム効果というのは、**誰にでもあてはまるような曖昧で一般的な性格特性**が、自分だけに当てはまると感じることです。たとえば、B型の特徴は「マイペース」が通り相場ということになっています。そこで、B型の人に、そもそも「マイペース」は誰にでも当てはまる曖昧な性格だ、といったら噴き出してしまうでしょう。なぜなら、どう見ても**誰にでも当てはまるわけではない**からです。また、誰にでも当てはまるような性格特性を〝思い込む〟のは常識的に考えてもおかしいのです。たとえば、有名な特性「A型は几帳面」をB型と張り替えたら誰でもおかしいと思いますよね。

つまり、問題となっているバーナム効果は、あまり知られず、差もごく小さいマイナーな特性なら成り立つ可能性はありますが、ある程度有名な特性では成り立つはずがありません（１４５頁の図など）。論より証拠、実際にやってみても、明確に差が出ているのです（口絵9頁や150～151頁）。また、大学生に実験してみても、次のとおり、「有名な特性」では貼り替えはちゃんと見破られています。

＊　　＊　　＊

突然、ある学生が手を挙げて、「先生、表1―3［ラベルを貼り替えた表］はデタラメではないですか」と言いました。彼の血液型はA型ですが、血液型性格検査ではB型気質の特徴として書いてあるものが正しいというのです。つまり、表1―3のO型気質の特徴は実はA型気質の特徴として書いてあるものであり、A型気質の特徴はB型気質の特徴として書いてあるものであり、そして、B型気質の特徴はO型気質の特徴に書いてあるものだというのです。

実は、彼の言うとおりなのです。

（白井利明ほか『心理学からのメッセージ』3頁）

あとがき

私は、能見正比古氏の『血液型活用学』を手に取った瞬間から、彼の提唱する「血液型人間学」の熱心なファンになりました。だからといって、自分がこの道をここまで深く進むことになるとは、夢にも思っていませんでしたが……。英語の学術論文では、のべ7万回ものアクセスを記録するなど、予想外に大きな反響をいただいています。

今回は、新たな試みとして、チャットGPTをフル活用し、より多くの方に分かりやすく、楽しんでいただけるよう努めました。どんな印象を受けましたでしょうか。もし、血液型の魅力やその活用方法が少しでも広がることができたら、私にとってこれほど嬉しいことはありません。

長年、研究者たちが頭を悩ませてきた「血液型と性格」というテーマ。その複雑さは、既存の心理学理論だけでは解き明かすことが難しかったようです。本書では、その謎を一気に解決する可能性を秘めた仮説や、大胆な仮定をいくつか紹介させていただいています。

終章にもあるように、多くの心理学者たちの反応は予想外のものでした。しかし、進化心理学の視点からみれば、その反応もまたよく理解できるのです。もっとも、私にはこれが精いっぱいです。これから先は、世界中の研究者たちが、必ずしも血液型に限らない「遺伝子と性格」に関する研究を、さらに推し進めてくれることを心から願っています。

ページの都合上、私の英語論文の詳しい解説は掲載できませんでしたが、関心を持たれた方は、ぜひ原文をご覧いただけると幸いです。

最後になりますが、本書を上梓するに当たっては、担当の北澤晋一郎さん、原稿を校正していただいた矢島由理さんをはじめ、鳥影社の方々には本当にお世話になりました。この場をお借りして、厚くお礼を申し上げます。

今後とも、議論の輪がますます広がることを願って結びの言葉とします。

【参考】私の英語論文のリスト（プレプリント含む）

すべてResearchGateに登録され、誰でも自由に無料で閲覧可能です。現在までのアクセス回数は４万回ほどで、オリジナルの回数も含めると7万回ほど。基本的にデータもそのまま公開していますので、再現性のチェックも可能となっています。

なお、◎は査読付き論文、○はプレプリントです。

○ ABO blood type and personality traits: Evidence from large-scale surveys in Japan, 2020.

○ ABO blood type and personality traits: Evidence from large-scale surveys in Japan with AI, 2020.

◎ Relationship between ABO blood type and personality in a large-scale survey in Japan, 2021.

◎ A pilot study using AI for psychology: ABO blood type and personality traits, 2021.

◎ Linkage between ABO blood type and occupation: Evidence from Japanese politicians and athletes, 2021.

◎ AI-based analysis on relationship between genes and personality: Evaluation results with the ABO blood type, 2021.

◎ A Study on individual differences in sensory sensitivity: ABO blood type and personality in Japan, 2022.

◎○ New perspective on GWAS: East Asian populations from the viewpoint of selection pressure and linear algebra with AI, 2022.

◎○ Pilot analysis of genetic effects on personality test scores with AI: ABO blood type in Japan, 2023.

○ A pilot study using AI for genetic effects on personality: ABO blood type in Japan/Korea, 2023.

URL: https://www.researchgate.net/profile/Masayuki-Kanazawa/research

補足説明

血液型が欧米で流行しない理由

世界的に有名だった、とある血液型遺伝子の研究者に聞いた話では、血液型はナチスを連想させるから、欧米では研究しないということでした。なにしろ、ユダヤ人はB型が多い劣等人種だというのは、ナチスの常套文句でしたから……。ヒトラーは、SS（親衛隊）を全員A型で固めたという噂までありますが、真偽は確認できませんでした。しかし、これがついにはホロコーストまで行き着いてしまうのですから、単なる笑い話ですませるわけにはいきません。

日本で戦前に血液型が流行したのは、この反動で、B型はA型に決して劣らないということを、古川竹二氏が証明したかったという説も聞きました。

そういう背景もあり、欧米、特にドイツ、アメリカ、イギリスなどでは、人種差別と

の関係で、研究することが、なんとなくタブー視されているというのです。そのせいか

どうか、ＡＢＯ血液型の遺伝子配列を解明したのは、山本文一郎らの日本人グループで

す。

もっとも、ＡＢＯ以外の血液型はいいらしいです。なにしろ、ナチスの時代には、白

血球の血液型であるＨＬＡなんか発見されていませんでしたから。

別な話も聞きました。一昔前にダダモ博士の「血液型ダイエット」が大流行しまし

たが、最初に出した本では、「血液型と性格」にかなり肯定的な内容でした。ところが、

アメリカ在住の知人から、最新版では相当否定的に書いてあるという話があったのです。

疑問に思って調べたところ、初期の本と最新版とでは、相当内容が変わっていました。

どうやら、日本の心理学者から猛烈に批判され、内容をかなり修正したらしいのです。

こうなると、「血液型と性格」論争は、単なる学問的なレベルにとどまらず、ある種の

政治的な色彩を帯びているようにも感じます。

ただ、話の性質上、これらの情報がどこまで正確なのか、きちんと確認する必要があ

るため、あくまで未確認の参考情報として書き留めておくことにします。

血液型論争のオマージュとしての土偶論争

『土偶を読むを読む』では、望月氏の執筆部分は、冒頭から１８３頁までとなります。非常に分かりやすい文章で、イラストや写真のレイアウトも美しく、さすがプロの仕事と感心しました。一方、内容については——相当厳しい表現になりますが——率直に言わせていただくと、少なからず杜撰《ずさん》で閉鎖的だと感じました。本当は、こんな言葉は使いたくないのですが……。

ここでは、ネットなどで調べれば、誰でも割と簡単かつ客観的にチェック可能な内容について、１つだけ紹介しておきましょう。望月氏は、里芋の植生についてこう説明しています。

* * *

サトイモの植生について見てみよう。『土偶を読む』では、サトイモの栽培範囲を北海道の道南まで広げている。が、現代で一般的にサトイモがちゃんと採れるのは（育つのは）、実は岩手県南部が限界だ。（中略）元々は熱帯の植物であるタロイモの仲間であるサトイモは、寒さのため、北東北では育たないのだ（安野１９９３）[★1★2]。「サトイモを模したとされる」遮光器土偶が作られた縄文晩期と現在の気温と植生はほとんど変わっていない。そして遮光器土偶の成立は［青森県つがる市・亀ヶ岡遺跡であり、岩手県より北である］北東北。

（望月秀昭　同書138頁）

＊　＊　＊

そして、植物考古学が専門であるとの佐々木由香氏は、「遮光器土偶が作られた中心地点である北東北で、サトイモが利用されていたという証拠は見つかっていない（参照：本書332頁）」と結び、『土偶を読む』は間違いであると結論付けています。しかし、信じがたいことに、このたった半ページほどの文章には、極めて初歩的なミスがいくつもあるのです。

まず、根拠となる文献「安野1993」ですが、この資料は弘前大学研究紀要なので、第三者によるチェックはないはず。しかも、執筆者である安野眞幸氏の専門は、なぜか考古学ではなく「日本史」です。古代の植物の植生なら、考古学や農学の領域でしょうかね。それを否定する根拠が、日本史の専門家によるノーチェックの個人的な見解？というのは不思議です。

それだけではありません。この安野氏の文献では、遮光器土偶の中心地であった青森県教育委員会と考古学者の見解も紹介されており、次にあるように、当時は里芋が栽培されていたという説が一般的なのだそうです。

＊　＊　＊

青森県教育委員会出版の『図説ふるさと青森の歴史シリーズ３　北の誇り・亀ヶ岡文化』［１９９０年］では、縄文時代晩期の青森でも根菜類の栽培があったとし、その具体例に「ヤマノイモ」「サトイモ」をあげているが、縄文晩期青森での「サトイモ」栽培を問題としたい。長野の生んだ考古学者、藤森栄一が縄文中期に「里芋」農耕があると主張したことは有名で、縄文期の「里芋」農耕は考古学の常識かも知れない★3

＊　＊　＊

残念ながら、安野氏も間違っているのです。調べてみると、青森県八戸市の名産品には「里芋」が挙げられています。ネットで検索すれば、おいしそうな里芋料理が多数ヒットしますし、実際に栽培や販売もされています（口絵16頁と次頁）。それだけではなく、農水省のサイトの「青森の郷土料理」には、里芋のレシピがあります。★4 地元の方言では「芋の子」と言うらしく、名物は芋の子汁とのこと。これは、少なくとも江戸時代から里芋が栽培されていた証拠。念のため、知り合いを通じて青森県在住の方に確認し

2021_11 · 2021/11/08

里芋が豊作でした

秋が深まってきました。里芋、収穫しました。去年よりも豊作で、なかなかよくできています。写真は里芋の親芋の部分。芋頭、芋茎（ずいき）と言ったりします。東北地方ではお肉といっしょに汁物にしていただきます。

続きを読む

『土偶を読むを読む』には、初歩的なミスが散見される。たとえば、「里芋の北限は岩手県南部」とあるが、実際は青森県の多くの地域で作付け・収穫されている。
出所　青森県八戸市・ソイルラボのサイト

SoilLabo

〒031-0833　青森県八戸市大久保字野馬小屋54-3
E-mail: nakamura@soillabo.co.jp

2022_11 · 2022/11/06

ふっくらしっとり里芋

東北地方の秋の味覚で代表的な「里芋」。ソイルラボでも栽培しています。大好きです、おいしいです、秋はこれがなくてはいけません！！
東北では汁物で食べます。山形の「芋煮」は牛肉で醤油で味付け、宮城は味噌ベースで豚肉。岩手は鶏肉でしょうゆ[illegible]の汁物です。「芋の子汁」と呼びます。激ウマです！
この時期では職場や近所の人たちが集まって「芋煮会」「芋の子会」が開かれ、集まった人たちみんなで芋煮や芋の子汁を食べながら楽しくお酒を飲みます。もちろん家族で休日のバーベキューでも芋の子汁です。
そんな愛にあふれた居場所を作ってくれる里芋、この時期ならではのおいしさを存分に味わいたいです。

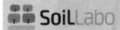

てみましたが、昔から栽培も販売もされているそうです。農林水産省の統計を調べてみても、1993〜2005年までは、青森県の多くの地域で作付け・収穫されていたことが確認できます（次頁）。

亀ヶ岡遺跡のあるつがる市は、津軽暖流が沖合を流れているため、青森県では最も温暖です。よって、寒さのため、「北東北では育たない」は、少なくとも現代や江戸時代に限るなら、明らかに間違いということになります。★5

ところで、遮光器土偶制作の中心地であった青森県・亀ヶ岡遺跡ですが、その10㎞ほど南にある砂沢遺跡では、縄文晩期の水田稲作の形跡（約2400年前）が発見されています。

これまた驚くべきことに、前出の安野氏の文献には、考古学者の寺沢薫氏の説として、「弥生初期の稲作は思いのほか厳しいものがあり、前期ではその大部分を、中期では50パーセント以上を他のデンプン質食料［里芋など］で補充する必要があった」と述べているとあります。★6

以上のことを整理すると、

農林水産関係市町村別データ
平成16年産
野菜（根菜類）
青森県

都道府県コード	市町村コード	市町村名	7.さといも 作付面積	収穫量	出荷量	8.やまのいも 作付面積	収穫量	出荷量
			ha	t	t	ha	t	t
2	201	青森市	1	12	4	10	219	130
2	202	弘前市	2	19	9	5	113	97
2	203	八戸市	0	4	1	164	4,170	3,400
2	204	黒石市	1	7	2	1	26	8
2	205	五所川原市	1	10	0	18	394	331
2	206	十和田市	1	8	4	274	7,480	6,640
2	207	三沢市	0	1	0	272	7,560	6,540
2	208	むつ市	-	-	-	22	469	376
2	209	つがる市	1	13	0	65	1,720	1,480
2	301	平内町	0	1	0	2	30	6
2	303	今別町	0	0	-	1	17	5
2	304	蓬田村	0	0	-	0	7	2
2	307	外ヶ浜町	0	0	-	2	25	6
2	321	鰺ヶ沢町	1	6	0	15	368	314
2	323	深浦町	0	3	-	3	54	41
2	341	岩木町	0	4	1	1	19	3
2	342	相馬村	0	1	0	0	2	0
2	343	西目屋村	0	1	0	0	4	1
2	361	藤崎町	0	3	0	0	2	0
2	362	大鰐町	0	4	0	1	14	11
2	363	尾上町	0	2	0	0	4	1
2	364	浪岡町	1	8	2	2	34	6
2	365	平賀町	1	15	6	1	21	5
2	367	田舎館村	0	3	0	0	4	1
2	368	碇ヶ関村	0	1	0	0	5	3
2	381	板柳町	0	3	0	0	2	0
2	384	鶴田町	0	3	0	1	16	9
2	387	中泊町	0	2	0	4	92	77
2	401	野辺地町	-	-	-	19	462	405
2	402	七戸町	0	1	0	169	4,390	3,810
2	403	百石町	-	-	-	39	1,070	946
2	405	六戸町	0	2	0	168	4,650	4,100
2	406	横浜町	-	-	-	37	851	742
2	408	東北町	0	0	0	505	13,800	12,200
2	410	下田町	0	0	0	52	1,420	1,250
2	411	六ヶ所村	-	-	-	139	3,910	3,410
2	423	大間町	-	-	-	-	-	-
2	424	東通村	-	-	-	6	126	87
2	425							-
2	426							5
2	441							513
2	442							170
2	443							26
2	444							970
2	445							417
2	446							,780
2	447	福地村	0	1	0	68	1,770	1,440
2	450	新郷村	-	-	-	110	3,010	2,630

農林水産省が公表している2004年度の統計によれば、里芋は青森県の多くの地域で作付け・収穫されていた。

①青森県つがる市にある亀ヶ岡遺跡は、縄文晩期とされる遮光器土偶の中心地である
②亀ヶ岡遺跡の10㎞ほど南にある砂沢遺跡では、当時の水田稲作の形跡が発見された
③当時の水田稲作は、基本的に里芋栽培とセットである
④つがる市は北東北でも比較的温暖であり、気候的にも里芋の栽培は可能なはずである

となり、亀ヶ岡遺跡で里芋が栽培されていたことはほぼ間違いないはずです。しかし、望月氏は前述のとおり、植物考古学が専門の佐々木由香氏[★7]が「サトイモ自体がまず南方の植物ですので、本州に存在している可能性は低いと思います」（同書332頁）と発言したとします。そして、遮光器土偶の制作地には里芋がないとして、その可能性を一蹴しているのです。しかし、あちこち調べても、里芋は縄文時代から栽培されているというのが通説のようで、万葉集にも歌われています。正直なところ、ここまで単純ミスが頻発している理由がさっぱり理解できません。ひょっとして、考古学者は農学に詳しくない？

★1　安野眞幸「里芋とアイヌ語地名」『弘前大学教養部文化紀要』１９９３年

★2　ただし、竹倉氏は『土偶を読む』で、同じこの安野氏の文献を根拠として「里芋の北限は渡島半島と言われており」（３０９頁）と述べています。よくわかりませんが、ここに紹介されている青森県教育委員会の資料が根拠なのかもしれません。

★3　ただし、安野氏は、「これまでの気候風土［津軽では芋煮会の習慣はない］の考察から、当時の青森での『里芋』栽培は無理であろう」「このことから、前述の弥生前・中期の砂沢・垂柳の水田稲作を見直すと、水田稲作を支えるべき畑作、特に里芋栽培がないことが注目される。」と述べています。

★4　農水省のサイト「青森の郷土料理」には、里芋のレシピがあります。
https://www.maff.go.jp/j/keikaku/syokubunka/k_ryouri/search_menu/menu/nerikomi_aomori.html

★5　農水省の統計データ（農協経由のみ集計）を見ると、過去には青森県のほぼ全域で作付けされていたことが確認できます。なお、今は農協経由がなくなったらしく、統計上はゼロとなっています。
https://www.e-stat.go.jp/stat-search/files?lid=000001075212&layout=datalist

★6　寺沢薫「稲作技術と弥生の農業」（森浩一編『日本の古代4　縄文・弥生の生活』に収録）　１９８６年

★7　佐々木由香氏の専門は、所属する金沢大学のサイトによれば、「種子・果実や葉などの大型植物遺体の分析や、樹種同定、レプリカ法による土器圧痕分析、土器付着炭化植物遺体の分析」なのだそうです。しかし、日本では里芋は花が咲かないため種が残りません。種芋は腐りやすいため、土器にも存在の証拠は極めて残りにくいらしく、少なくとも彼女の論文のタイトルに「里芋」は発見できませんでした。

山本七平氏の未解決問題

山本七平氏の名著『「空気」の研究』には、多くの未解決問題が残されています。血液型とはあまり関係ないのですが、これまた私自身のための備忘録として書いておきましょう。

最初は、「赤の他人」には無関心な日本人についてです。

＊　＊　＊

ある教育雑誌の記者の来訪をうけ、「道徳教育」について意見を聞かれた。

（中略）

相手は「では、どのような点からはじめたらよいのでしょう」と言った。「それは簡単なことでしょう。まず、日本の道徳は差別の道徳である、という現実の説明からはじめればよいと思います」と私は答えた。

（中略）

私は簡単な実例をあげた。それは、「1974年に起きた」三菱重工爆破事件のときの、ある外紙特派員の記事である。それによると、道路に重傷者が倒れていても、人びとは黙って傍観している。ただ所々に、人がかたまってかいがいしく介抱している例もあったが、調べてみると、これが全部その人の属する会社の同僚、いわば「知人」である。ここに、知人・非知人に対する明確な「差別の道徳」をその人は見た。

＊　＊　＊

しかし、この記者は、差別の道徳なんて絶対に言えない……と繰り返しました。では、なぜ言えないのかと質問しても回答はなかったそうです。最後に山本氏はこうまとめています。

「日本の道徳は、現に自分が行っていることの規範を言葉にすることを禁じており、それを口にすれば、たとえそれが事実でも〝口にしたということが不道徳行為〟と見なされる。従って、それを口にしてはいけない。これが日本の道徳である。」と。これら一連の文章の内容は、まさに池田氏のブログや山岸氏の『ネット評判社会』に書いてあるとおりとなります。

次も、この『「空気」の研究』に出てくる話です。

＊　＊　＊

日本人とユダヤ人が共同で、毎日のように人骨を運ぶことになった。それが約一週間ほどつづくと、ユダヤ人の方は何でもないが、従事した日本人二名の方はすこしおかしくなり、本当に病人同様の状態になってしまった。ところが、この人骨投棄が終わると二人ともケロリと治ってしまった。この二人に必要だったことは、どうやら「おはらい」だったらしい。

＊　＊　＊

これは、『「空気」の研究』にも少し解説がありますが、『逆説の日本史』で有名な井沢元彦氏がよく話題にする、「御霊信仰《ごりょうしんこう》」の方が分かりやすいでしょう。御霊信仰とは、不幸な死に方をした人の霊が祟《たた》り、天災や疫病などの災いをもたらすため、それをなだめ、「御霊」として祀《まつ》ることにより、祟りを免れようという信仰です。

御霊信仰の適用範囲は広く、太平洋戦争（大東亜戦争）の「神かがり的」な開戦決定についても応用がききます。

猪瀬直樹氏の名著『昭和16年夏の敗戦』にもあるように、当時の日本政府と軍中枢は、「必敗」の戦争になることは全員理解していました。しかし、日本的宗教では、「御霊信仰」が最高の教義であり、これには誰にも逆らえない。

アメリカの最終通告とされた「ハル・ノート」を受け入れることは、つまりアメリカに屈服するということです。それは、日中戦争（支那事変）までに犠牲になった多数の英霊が無駄死にだと認めること。こんなことは、御霊信仰の教義からして絶対に不可能です。

よって、なぜ開戦したのかは、当時の東條英機首相が言ったように「10万人の英霊に申し訳が立たない」からでしょう。そして、敗戦後に、世界一戦争を忌避する国になったのは、同じく日本開闢《かいびゃく》以来の数に達した「英霊に申し訳が立たない」から。

補足すると、井沢氏が指摘する「言霊」の影響もあります。「敗戦」を言葉に出すと、その言葉が実現することになるので、冷静な議論は事実上議論不可でした。

さらに興味深いのは、自らを「科学的」と信じている人にとっては、「御霊信仰」や「言霊」はすっかりタブー化しているらしく、これらを無理にでも「科学的」「合理的」に説明しようとします。しかし、もともと「非合理的」な決断なのだから、合理的に考えることこそが、そもそも非合理の極み。現に、私も相当知識レベルが高い人にこの話をしてみましたが、例外なく無反応でした。

余談ですが、この『「空気」の研究』には、生徒全員を「オール3」に評価した音楽教師の話題も出てきます。山本氏は、この教師について、非常にまじめな典型的・保守的日本人ではないかと推測しています。まさにそのとおりですが、理由は説明するまでもないでしょう。

非常に残念なことですが、これらのことは、多かれ少なかれ、血液型論争にも当てはまるのかもしれません……。

主な参考文献

■単行本

《日本語》

能見正比古『血液型でわかる相性《あいしょう》』１９７１年
能見正比古『血液型人間学』１９７３年
能見正比古『血液型愛情学』１９７４年
能見正比古『血液型活用学』１９７６年
能見正比古『血液型エッセンス』１９７７年
能見正比古『血液型政治学』１９７８年
能見正比古『新・血液型人間学』１９７８年
能見正比古『血液型と性格ハンドブック』１９８０年
能見正比古（市川千枝子）『血液型人間学』２００９年
白佐俊憲・井口拓自『血液型性格研究入門』１９９３年

竹内久美子『小さな悪魔の背中の窪み』1994年
前川輝光『血液型人間学　運命との対話』1998年
前川輝光『A型とB型　2つの世界』2011年
前川輝光『血液型と宗教』2020年
藤田紘一郎『血液型の科学』2010年
岡野誠『血液型人間学は科学的に実証されている！』2016年
大村政男『血液型と性格』1990／1998／2012年
佐藤達哉・渡邊芳之『現代のエスプリ　血液型と性格』1994年
山岡重行『ダメな大人にならないための心理学』2001年
村上宣寛・村上千恵子『性格は五次元だった』1999年
村上宣寛『心理テストはウソでした。』2005年
村上宣寛『心理尺度のつくり方』2006年
村上宣寛・村上千恵子『主要5因子性格検査ハンドブック（三訂版）』2017年
松田薫『「血液型と性格」の社会史』1991／1994年
永田宏『血液型で分かる なりやすい病気・なりにくい病気』2013年

安藤寿康『日本人の9割が知らない遺伝の真実』2016年
安藤寿康『「心は遺伝する」とどうして言えるのか　ふたご研究のロジックとその先へ』2017年
安藤寿康『生まれが9割の世界をどう生きるか　遺伝と環境による不平等な現実を生き抜く処方箋』2022年
安藤寿康『能力はどのように遺伝するのか　「生まれつき」と「努力」のあいだ』2023年
安藤寿康『教育は遺伝に勝てるか？』2023年
山岸俊男『安心社会から信頼社会へ――日本型システムの行方』1999年
山岸俊男・吉開範章『ネット評判社会』2009年
金澤正由樹『統計でわかる血液型人間学入門』2014年
金澤正由樹『B型女性はなぜ人気があるのか――30万人のデータが解く血液型の謎』2016年
金澤正由樹『血液型人間学のエッセンス――心理学でわからなかった謎にせまる』2017年

金澤正由樹『「血液型と性格」の新事実―ＡＩと30万人のデータが出した驚きの結論』２０１９年
金澤正由樹『デジタル時代の「血液型と性格」―ＡＩと60万人のデータが開けた秘密の扉』２０２１年
金澤正由樹『古代史サイエンス―ＤＮＡとＡＩから縄文人、邪馬台国、日本書紀、万世一系の謎に迫る』２０２２年

《英語》

Toshitaka Nomi, Alexander Besher, You are Your Blood Type, 1988.
Chieko Ichikawa, Slobodan Petrovski, ABO system of blood types and positions in soccer team, 2018.
Peter J. D'Adamo, Eat Right for Your Type, 1996.
Peter J. D'Adamo, Live Right for Your Type, 2001.
Peter Constantine, What's Your Type?, 1997.
Fred Wong, Eugenia Wan, Bloody AI Alchemist: The Origin of Happiness is Fusion of Blood Type Personality & Artificial Intelligence, 2017.

Masayuki Kanazawa, Blood Type and Personality 3.0, 2018.

《中国語》
王建強『血型与人生　探求値型奥秘密　解読人生命運』２００５年
王建強『血型与心理学』２００８年
王建強『血型人格　血型思維方式之人類心理活動的基本規律』２０１４年
続金健『ＡＢＯ在中国　百年血型再発現』２００２年
続金健『血型密碼　血型・性格・文明』２００８年
唐狸『血型与性格』２０１８年

■論文

《日本語》
山崎賢治・坂元章「血液型ステレオタイプによる自己成就現象――全国調査の時系列分析――」『日本社会心理学会大会発表論文集』１９９１年
松井豊「血液型による性格の相違に関する統計的検討」『東京都立立川短期大学紀要』１９９１年

渡邊席子「血液型ステレオタイプ形成におけるプロトタイプとイグゼンプラの役割」『社会心理学研究』１９９５年
菊池聡「不可思議現象心理学９　血液型信仰のナゾ—後編」月刊『百科』１９９８年３月
白佐俊憲「血液型性格判断の妥当性の検討(2)」『北海道女子大学短期大学部研究紀要』１９９９年
山岡重行「血液型性格項目の自己認知に及ぼすＴＶ番組視聴の効果」『日本社会心理学会大会発表論文集』２００６年
久保田健市「潜在的な血液型ステレオタイプ信念と自己情報処理」『日本社会心理学会大会発表論文集』２００７年
「文教大学情報学部社会調査ゼミナール研究報告　性格と恋愛にみる血液型効果」情報学部広報学科３年　松崎宏美　２００８年
山岡重行「血液型性格判断の差別性と虚妄性（自主企画②）」『日本パーソナリティ心理学会発表論文集』２００９年
工藤恵理子「自分の性格の評価に血液型ステレオタイプが与える影響」『日本社会心

理学会大会発表論文集』２００９年
清水武・石川幹人「ＡＢＯ式血液型と性格との関連性——主要５因子性格検査による測定」『構造構成主義研究５』２０１１年
清水武「心理学は何故、血液型性格関連説を受け入れ難いのか——学会誌査読コメントをテクストとした質的研究」『構造構成主義研究５』２０１１年
武藤浩二・長島雅裕ほか「教員養成課程における科学リテラシー構築に向けた疑似科学の実証的批判的研究」『科研費研究成果報告書（２０１０〜２０１１年度）』２０１２年
大村政男・浮谷秀一・藤田主一「『血液型性格学』は信頼できるか（第30報）Ⅰ　衆議院議員に血液型の特徴が見られるか」『日本応用心理学会大会発表論文集』２０１３年
大村政男・浮谷秀一・藤田主一「『血液型性格学』は信頼できるか（第30報）Ⅲ　アスリートに血液型の特徴が見られるか」『日本応用心理学会大会発表論文集』２０１３年
浮谷秀一・大村政男・藤田主一「『血液型性格学』は信頼できるか（第31報）　国技

大相撲の力士の血液型」『日本応用心理学会大会発表論文集』２０１４年
縄田健悟「血液型と性格の無関連性――日本と米国の大規模社会調査を用いた実証的論拠――」『心理学研究』２０１４年
川本哲也・小塩真司・阿部晋吾・坪田祐基・平島太郎・伊藤大幸・谷伊織「ビッグ・ファイブ・パーソナリティ特性の年齢差と性差――大規模横断調査による検討――」『発達心理学研究』２０１５年

《英語》

Akira Sakamoto, Kenji Yamazaki, Blood-typical personality stereotypes and self-fulfilling prophecy: A natural experiment with time-series data of 1978-1988, In Y. Kashima, Y. Endo, E. S. Kashima, C. Leung, & J. McClure (Eds.), 2004.
Beom Jun Kim, Dong Myeong Lee, Sung Hun Lee, and Wan-Suk Gim, Blood-type distribution, Physica A: Statistical and Theoretical Physics, 2007.
Donna K. Hobgood, Personality traits of aggression-submissiveness and perfectionism associate with ABO blood groups through catecholamine activities, Medica Hypotheses, 2011.

Shoko Tsuchimine, Junji Saruwatari, Ayako Kaneda, Norio Yasui-Furukori, ABO blood type and personality traits in healthy Japanese subjects, PLOS ONE, 2015.

Robert Plomin, John C. DeFries, Valerie S. Knopik, and Jenae M. Neiderhiser, Top 10 replicated findings from behavioral genetics, Perspectives on Psychological Science, 2016.

Min-Tzu Lo, David A Hinds, Joyce Y Tung et al., Genome-wide analyses for personality traits identify six genomic loci and show correlations with psychiatric disorders, Nature Genetics, 2017.

Robert Plomin, Sophie von Stumm, The new genetics of intelligence. Nature Genetics, 2017.

Hideaki Kanzawa-kiriyama et al., Late Jomon male and female genome sequences from the Funadomari site in Hokkaido, Japan, Anthropological Science, 2019.

Donna K. Hobgood, ABO B gene is associated with introversion personality tendancies through linkage with dopamine beta hydroxylase gene, Medical Hypotheses, 2021.

Okbay A, Wu Y, Wang N et al., Polygenic prediction of educational attainment within and between families from genome-wide association analyses in 3 million individuals, Nature Genetics, 2022.

Loïc Yengo, Sailaja Vedantam, Eirini Marouli et a., A saturated map of common genetic variants associated with human height, Nature, 2022.

Yao Hou, Ke Tang, Jingyuan Wang, Danxia Xie, Hanzhe Zhang, Assortative mating on blood type: Evidence from one million Chinese pregnancies, PNAS, 2022.

Yang Sun, Liqin Wang, Jiameng Niu et al., Distribution characteristics of ABO blood groups in China, Heliyon, 2022.

Guy Hindley, Alexey Shadrin, Dennis van der Meer et al., Multivariate genetic analysis of personality and cognitive traits reveals abundant pleiotropy, Nature Human Behavior, 2023.

Tanya B. Horwitz, Jared V. Balbona, Katie N. Paulich et al., Evidence of correlations between human partners based on systematic reviews and meta-analyses of 22 traits and UK Biobank analysis of 133 traits, Nature Human Behaviour, 2023.

Masayuki Kanazawa, Relationship between ABO blood type and personality in a large-scale survey in Japan, International Journal of Psychology and Behavioral Sciences, 2021.

Masayuki Kanazawa, A pilot study using AI for psychology: ABO blood type and personality traits, American Journal of Intelligent Systems, 2021.

Masayuki Kanazawa, Pilot analysis of genetic effects on personality test scores with AI: ABO blood type in Japan, Biology and Medicine, 2023.

Masayuki Kanazawa, A pilot study using AI for genetic effects on personality: ABO blood type in Japan/Korea, bioRxiv, 2023.

《韓国語》

So Hyun Cho, Eun Kook M. Suh, Yoen Jung Ro, Beliefs about blood types and traits and their reflections in self-reported personality, Korean Journal of Social and Personality Psychology, 2005.

Hyun Duk Joo, Se Nny Park, Does love depend on blood types?: Blood types, love styles, and love attitudes, Korean Journal of Social and Personality Psychology, 2006.

In Sook Yoon, Hye Jong Kim, The relationship between types of leisure activity and blood types - Focus on collegians of public health departments and non-public health departments of DHC, 2006.

Sung Il Ryu, Young Woo Sohn, A Review of sociocultural, behavioral, biochemical analyses on ABO blood-groups typology, Korean Journal of Social and Personality Psychology,

2007.
Choong-Shik Kim, Seon-Gyu Yi, Kim Chun-shik, A Study on the effects of one's blood type on emotional character and antistress of adults, Journal of the Korean Academia-Industrial Cooperation Society, 2011.
Yong Kee Kwak, Chun Sung Youn, A Study on the correlation between Korean geometry psychology type and blood, 2015.

■ホームページなど

ＡＢＯ　ＷＯＲＬＤ
ＡＢＯ　ＦＡＮ
池田信夫ブログ
山岸俊男「ネット社会における評判と信頼」国立情報学研究所オープンハウス２０１０　２０１０年６月４日
漫画全巻ドットコム
インターワイヤード　ＤＩＭＳＤＲＩＶＥ「あなたの行動や思考と対人関係に関す

るアンケート」２００４年
ピーター・Ｊ・ダダモ　インターネット調査　２００１年

〈著者紹介〉

金澤 正由樹（かなざわ まさゆき）

1960年代関東地方生まれ。ヒューマンサイエンスABOセンター研究員。小学生のとき能見正比古氏の著作に出会い、血液型に興味を持つ。以後、日本と海外の血液型の文献を研究。コンピューターサイエンス専攻。数学教員免許、英検1級、TOEIC900点のホルダー。

主な著書
『古代史サイエンス－DNAとAIから縄文人、邪馬台国、日本書紀、万世一系の謎に迫る』（2022年）、『デジタル時代の「血液型と性格」－AIと60万人のデータが開けた秘密の扉』（2021年）、『Blood Type and Personality 3.0: Reality Proved by 300,000 People and AI』（2018年）など

主な論文
『Pilot Analysis of Genetic Effects on Personality Test Scores with AI: ABO Blood Type in Japan』（2023年）
『Relationship between ABO Blood Type and Personality in a Large-scale Survey in Japan』（2021年）
『A Pilot Study Using AI for Psychology: ABO Blood Type and Personality Traits』（2021年）

B型女性はなぜ人気があるのか
AIと300万人のデータで読み解く
「血液型と性格」
Unlocking Blood Type
Personality Using AI and
0 Million population Data

乱丁･落丁はお取り替えします。

2024年4月11日初版第1刷発行
著　者　金澤正由樹
発行者　百瀬　精一
発行所　鳥影社（www.choeisha.com）
〒160-0023　東京都新宿区西新宿3-5-12トーカン新宿7F
電話　03-5948-6470，FAX 0120-586-771
〒392-0012　長野県諏訪市四賀 229-1（本社・編集室）
電話 0266-53-2903，FAX 0266-58-6771
印刷・製本　モリモト印刷

ISBN978-4-86782-068-1　C0095